Gustav Bickell

Grundrisz der hebräischen Grammatik

Gustav Bickell
Grundrisz der hebräischen Grammatik
ISBN/EAN: 9783743427617
Hergestellt in Europa, USA, Kanada, Australien, Japan
Cover: Foto ©Thomas Meinert / pixelio.de

Manufactured and distributed by brebook publishing software (www.brebook.com)

Gustav Bickell

Grundrisz der hebräischen Grammatik

III. Stammbildungslehre.

§. 60. Die in vorsemitischer Zeit eingetretene secundäre Wurzelbildung, durch welche die ursprünglichen, jetzt außer dem Pronomen nur noch trümmerhaft erhaltenen einsilbigen Urwurzeln (§. 2) zu den gegenwärtigen, fast stets aus drei Consonanten bestehenden *) erweitert wurden, fällt außerhalb des Bereichs der hebräischen Grammatik. Dagegen liegt derselben ob, nachzuweisen, wie in der Stammbildung theils durch scheinbar innere Flexion, theils durch Vorsetzung von Präfixen aus diesen secundären Wurzeln Themata hervorgingen, die nominale und verbale Bedeutung meist noch in sich vereinigen, und wie dann diese Stämme durch die Präfixe und Affixe der Wortbildung ihre letzte nominale und verbale Bestimmung erhielten. Gleichsam eine vierte Schicht dieses Agglutinationsprocesses bildet endlich die Suffigierung im

---

*) Die gegenwärtigen semitischen Wurzeln sind wahrscheinlich aus den ursprünglichen entstanden: 1) durch Reduplication der letzteren, 2) durch Zusammensetzung mit verschiedenen Präfixen und Affixen, die sich zum Theil auch in der Stamm- und Wortbildung vorfinden, vgl. תאב sibi voluit, desideravit, zusammengesetzt aus dem Reflexivpräfix *ta* und der Primärwurzel *ab* (in אב voluit), יכל potuit aus *ya* und *kal, kul* (in כול, כיל), 3) durch um sich greifende Analogie, welche die noch gebliebenen einsilbigen Wurzeln den anderen durch Einschiebung von Hilfslauten gleichförmig machte. — Die verhältnismäßig seltenen Quadrilitera sind aus den trilateralen Wurzeln theils ebenfalls durch Reduplication oder Affigirung, theils durch bloße Auflösung eines Doppelconsonanten entstanden, wie in כרסם decerpsit, aus כסס.

engeren Sinn, nämlich die Anfügung der in accusativischer oder genetivischer Bedeutung stehenden Personalpronomina.

§. 61. Aus euphonischen Gründen war es im ursemitischen (nicht im hebräischen, vgl. §. 59) gestattet, bei Vorsetzung eines Präfixes den kurzen Vocal der folgenden, bei Nachsetzung eines Affixes den der vorhergehenden Silbe zu unterdrücken, außer wenn dadurch zwei Consonanten an das Ende einer Silbe treten würden (§. 30). So findet sich z. B. in der Wurzelbildung *qatla* neben *qatala*, in der Stammbildung *ma-qtala* für *ma-qatala*, und in der Wortbildung Feminina, wie *qatal-ta* neben *qatala-ta*, aber stets nur *qatla-ta*, nie *qatl-ta*.

§. 62. Die nach §. 61 entstandene Form *qatla* (nebst den aus ihr umgelauteten *qitla* und *qutla*) kann vermöge des vagen Characters der semitischen Vocale auch zu *qtala*, *qtila*, *qtula* umgestellt werden. Diese Umstellung wird entweder, wie im Imperativ, nach §. 30 durch den Wegfall des Endvocals, oder, wie im Futurum, nach Analogie von §. 61 durch Vorsetzung eines Präfixes veranlaßt. So entsteht der Imperativ *qtul* für *qutl*, die Futura *ja-qtula* und *ja-qtul* für *ja-qutla* und *ja-qutl*.

§. 63. Die älteste Stammform, in der die triliteralen Wurzeln erscheinen, ist *qatala*. Sie liegt im Verbum dem Perfectum, ursprünglich auch dem Participium Activi des Kal, im Nomen besonders Eigenschaftsadjectiven und Abstractis zu Grund. Nach den hebräischen Lautgesetzen (§. 37. 42) muß sie entweder zu *qātál* oder zu *qātā́l* werden; ersteres geschieht im Perfect, letzteres im stat. absol. der Nomina. Vgl. חָכַם *ḥāxám* sapuit, חָכָם *ḥāxā́m* sapiens, aber im stat. cstr. חֲכַם *ḥăxam* nach §. 43. War der zweite oder dritte Consonant ein *v* oder *j*, so wurde er nach §. 32 fast stets elidirt, vgl. קָם *qâm* surrexit und surgens = *qa[v]ama*, עָלָה *'ālā* folium = *'ala[va]*.

§. 64. Durch Schwächung des zweiten *a* zu *i* oder *u*

entstehen die Nebenformen *qatila* und *qatula* (hebr. nach §. 42 *qātél* und *qātól*), welche im Perfect und dem activen Participium der Intransitiva vorzukommen pflegen. Vgl. קָרֵב *qārḗβ* appropinquabatur und appropinquans = *qariba*, קָטֹן *qāṭón* parvus erat und parvus = *qatuna*. Wurzeln med. *v, j* elidiren dies nach §. 32, z. B. מֵת *mēθ* moriebatur und mortuus = *ma[v]ita*, בּוֹשׁ *bôš* pudefiebat und pudefactus = *ba[v]uša*.

§. 65. War das *a* der ersten Silbe zu *i* geschwächt, so entsteht die Nebenform *qitala*, hebr. im stat. abs. nach §. 42 *qētál*. Vgl. לֵבָב *lēβáβ* cor = *libaba*. — Die Form *qutala* kommt fast nur als Plural zu *qutla* vor (§. 70).

§. 66. Das Participium act. *kal*, welches in den Stämmen med. *v, j* und den Intransitivis (§. 63. 64) noch den kurzen Vocal der ersten Silbe bewahrt hat, dehnt denselben in allen andern Stämmen zu *â**), wodurch die Formen *qâtala* und *qâtila* (hebr. nach §. 42. 40 *qôtā́l* und *qôtḗl*) entstehen, letztere die gewöhnliche, erstere die in den Stämmen tertiae *v, j* und den nach §. 61 gebildeten Femininis übliche. Vgl. עוֹלָם *ôlām* saeculum = *ʿâlama*, הוֹזֶה *hôzǟ* videns = *ḥaza[ja]*, שׁוֹמַעַת *šômáʿ(a)θ* audiens = *šâmaʿ-ta*, דּוֹבֵר *dôβḗr* loquens = *dâbira*.

§. 67. Durch Dehnung des zweiten Vocals entsteht aus *qatala* die auch als Infinit. absol. *kal* gebrauchte Form *qatâla* (hebr. *qātṓl*). Vgl. כָּבוֹד *kāβṓδ* gloria = *kabâda*, הָלוֹךְ *hālôχ* ambulare = *halâka*. Bei Stämmen med. oder tert. *v, j* finden die betreffenden Lautgesetze Anwendung, vgl. מוֹת *môθ* mori = *ma[v]âta* (§. 32), רָאוֹה *rāʾôθ* videre = *raʾâ[j]a-ta*, גָּלֹה *gālṓ* revelare = *galâ[va]*. — Ebenso

---

*) Ueberhaupt wurde die Vocaldehnung im ursemitischen ebenso gern zur Unterscheidung der nominalen Formen von den verbalen benutzt, wie im hebräischen (§. 63) die Vocalsteigerung.

werden aus den intransitiven Formen $qatila$, $qatula$ die gedehnten $qatîla$ und $qatûla$ (hebr. $qātî'l$, $qūtû'l$) gebildet, von welchen, vermöge der Verwandtschaft der passivischen und intransitiven Bedeutung, die letztere als Particip. passiv. kal dient, die erstere aber bei gleicher Bedeutung mehr substantivischen Character hat. Vgl. אָסוּר $'asû'r$ captivatus = $'asûra$, אָסִיר $'āsî'r$ captivus = $'asîra$, שׂוּם $sûm$ positus = $sa[v]ûma$ (§. 32), נָקִי $nāqî'$ innocens = $naqîja$, aber עָשׂוּי $'asûj$ factus = $'asûja$ (§. 31). — Durch Umlautung des ersten kurzen Vocals zu i oder u entstehen die Formen $qitâla$ oder $qutâla$ (hebr. nach §. 43, b $q\ebreve tâl$, meist $q\ebreve tôl$), $qitîla$ (hebr. $q\ebreve tîl$) und $qutûla$ (hebr. $q\ebreve tûl$). Vgl. כְּתָב $k\ebreve θâβ$ liber = $kitâba$, אֱלוֹהַּ $'ĕlô(a)h$ Deus = $'ilâha$, גְּבִיר $g\ebreve βîr$ dominus = $gibîra$, לְבוּשׁ $l\ebreve βûš$ vestis = $lubûsa$. Nach Alef wird aber der Halbvocal gern wieder in den vollen Vocal $ē$ verwandelt, da die Silbe sonst kaum hörbar sein würde, vgl. אֵזוֹר $'ēzô'r$ cingulum = $'izâra$.

§. 68. Die nach §. 61 entstandene Form $qatla$ liegt, nebst ihren Umlautungen $qitla$ und $qutla$ dem Imperativ, Infinit. cstr. und Futurum Kal zu Grund, und zwar $qutla$ dem gewöhnlichen Transitivum, $qitla$ einer Klasse der Stämme primae v, $qatla$ endlich nicht nur dem Intransitivum und den Stämmen med. und tert. guttur. (nach §. 53), sondern auch den Stämmen tert. v, j, tert. alef und den meisten prim. v, j, weil die Veränderungen, welche diese Formen durch die Lautgesetze erfuhren, sie der Beeinflußung durch die Analogie der anderen entzogen und ihnen so den ursprünglichen Vocal erhielten. — Der Imperativ und das apocopirte Futurum endigten schon im ursemitischen auf den letzten Consonanten unter Abwerfung des Endvocals. — Im Verbum tritt stets (außer bei einer Bildungsweise der med. gemin. und vor vocalisch anlautenden Endungen am Imperativ und Infinitiv) die §. 62 erwähnte Umstellung zu $qtala$, $qtila$, $qtula$, beziehungsweise $qtal$, $qtil$, $qtul$ ein (hebräisch, wenn kein Präfix vorhergeht, nach §. 30 mit Einschiebung eines Hilfsvocals qĕtal, qĕtél, qĕtól). Vgl. שָׁכַב š(ĕ)χαβ jacere = škaba und jace = škab, שָׁמֹר š(ĕ)mōr observare = šmura und observa = šmur, יִשְׁמֹר jišmōr observabit = ja-šmura, aber שָׁמְרוּ šom(ĕ)rū' observate = šumr-ū (f. §. 49), יָסֹב jāsōβ circumdabit = ja-subba neben יִסֹּב jissōβ = ja-sbuba.

§. 69. Im Nomen tritt die Umstellung zu qtala seltener ein, doch z. B. in גֶּבֶר gĕbar vir = gbara, neben גַּבְרְ gā́β(e)r = gabra. Die Form qtila findet sich besonders von Stämmen med. alef und in Femininis prim. v, j, vgl. בְּאֵר bĕ'ēr puteus = b'ira, דֵּעָה dē'ā́ scientia = [v]di'a-ta. Gewöhnlich bleibt aber im Nomen die ursprüngliche Stellung qatla, qitla, qutla, welche Formen natürlich im hebräischen nach Abfall der Endvocale, wenn keine Affixe folgen, einen Hilfsvocal annehmen müssen, meist e, nach und vor Gutturalen a, nach Jod i. So entstehen die Formen qāt(e)l (in Pausa nach §. 21 meist qāt(e)l), qēt(e)l und qōt(e)l, vgl. מֶלֶךְ mā́l(e)χ rex = malka, יֶרַח jā́r(a)ḥ mensis = jarḥa, סֵפֶר sḗφ(e)r liber = sipra, נֶצַח nḗç(a)ḥ aevum = niçḥa, קֹדֶשׁ qṓδ(e)š sanctuarium = qudša, פֹּעַל pṓ(a)l opus = pu'la. Das a wird zu ā gesteigert vor v, und bleibt kurz vor Gutturalen, sowie vor j. Vgl. מָוֶת mā́v(e)δ mors = mavta, בַּיִת baj(i)δ domus = bajta, נַחַל naḥ(a)l rivus = naḥla, f. §. 45. — Nach §. 30 muß der aus Stämmen med. gutt. und med. n entstehende Doppelconsonant am Wortende seine Verdoppelung verlieren, z. B. חֹק ḥōq statutum = ḥuqqa, אַף 'aφ furor = 'appa, 'anpa, יָם jā́m mare = jamma. Ein v, j als zweiter Consonant wird nach i, u stets, nach a meist mit Ausnahme des stat. absol. vocalisiert und der so entstandene lange Vocal ist dann natürlich unveränderlich. Vgl. דִּין dīn judicium = dijna, חוּץ ḥūç platea = ḥuvça, st. cstr. בֵּית bēδ domus = bajta, st. cstr. מוֹת mōδ mors = mavta. Auch als dritter Stammconsonant wird v, j nach §. 52 vocalisirt und der ursprüngliche Vocal alsdann vor *j* (außer in Pausa) verflüchtigt, vor *v* gesteigert. Vgl. תֹּהוּ *tŏhû* solitudo = *tuhva*, גְּדִי *gĕdî* hoedus = *gadja*, in Pausa גָּ֫דִי *gā́dî*, חֲצִי *hăçî* dimidium = *hiçja*, in Pausa חֲ֫צִי *hḗçî*, חֳלִי *hŏlî* morbus = *hulja*, in Pausa חֳ֫לִי *hŏ́lî*. — Mit seltenen Ausnahmen gehen die Formen vor Suffixen, die Duale und die Feminina durchgängig von dem ursprünglichen Stamme, nicht von dem erst nach bloß hebräischen Lautgesetzen veränderten aus, vgl. מַלְכּוֹ *malkô'* rex ejus = *malka-hû*, סִפְרוֹ *siφrô'* liber ejus = *sipra-hû*, קָדְשׁוֹ *qoδšô'* sanctuarium ejus = *qudša-hû*, מַלְכָּה *malkā́* regina = *malka-ta*, von שִׁבְי *šĕβî* captivitas = *šabja* fem. שִׁבְיָה *šibjā́* = *šabja-ta*, doch auch von der veränderten Form gebildet שְׁבִית־ *šĕβî-ḋ* und שְׁבִיָּה *šĕβijjā́* = *šĕβî-á*.

§. 70. Im hebräischen haben die Stämme *qatla*, *qitla*, *qutla* keinen Plural, sondern bilden denselben stets von den Formen *qatala*, *qitala*, *qutala*. Vgl. מְלָכִים *mĕlāχî́m* reges = *malak-î-ma*, st. cstr. מַלְכֵי *malĕχê'* = *malaka-j*, femin. מְלָכוֹת *mĕlāχô'ḋ* reginae, stat. cstr. מַלְכוֹת *malĕχô'ḋ* = *malak-âta*, סְפָרִים *sĕφārî́m* libri = *sipar-î-m*, st. cstr. סִפְרֵי *siφrê'* = *sipara-j*, קָדָשִׁים *qŏδāšî́m* sanctuaria = *qudaš-î-m* (*ŏ* steht zuweilen auch nach Nichtgutturalen), st. cstr. קָדְשֵׁי *qoδĕšê'* = *qudaša-j*, גְּדָיִים *gĕδājî́m* hoedi = *gadaj-î-m*, חֳלָיִים *hŏlājîm* morbi = *hulaj-î-m*. Ausgenommen sind natürlich diejenigen Formen, welche schon im ursemitischen einen langen Vocal, Diphthong oder Doppelconsonanten erhielten, und dadurch unveränderlich wurden. Z. B. חוּצוֹת *hûçô'ḋ* plateae = *huvç-ât*, שִׁירִים *šîrî́m* cantica = *šijr-î-m*, אֵילִים *'êlî́m* arietes = *'ajl-î-m* vom sing. אַ֫יִל *'aj(i)l*, חֻקִּים *huqqî́m* leges = *huqq-î-m*. Nur selten haben derartige Formen im Plural den zweisilbigen Stamm, vgl. שְׁוָרִים *šĕvārî́m* tauri = *šavar-î-m* von שׁוֹר *šôr* = *šavra*, חֲיָלִים *hăjālî́m* exercitus = *hajal-î-m* von חַ֫יִל *haj(i)l* = *hajla*.

§. 71. Umgekehrt bildet die Form *qatila* ihren stat. cstr. oft von *qatla* (oder der nach §. 62 daraus umgestellten Form *qtala*), vgl. כָּתֵף *kā̇ð́éφ* umerus = *katipa*, st. cstr. כְּתֵף *kā̇ð(e)φ* = *katpa*, זָקֵן *zā̇qén* senex = *zaqina*, st. cstr. זְקַן *z(ĕ̇)qan* = *zqana*.

§. 72. Einige häufig gebrauchte Nomina (wie פֶּה *pā̇* os, st. cstr. פִּי *pî*, דָּג *dā̇γ* piscis, דָּם *dā̇m* sanguis, בֵּן *bēn* filius, בַּת *baθ* = *ban-t* filia, עֵץ *ēç* lignum, רֵעַ *rē(a)'* amicus, יָד *jā̇ð* manus, שֵׁם *šēm* nomen) erscheinen stets mit nur zwei Stammconsonanten, andere (wie אָב *'āβ* pater, st. cstr. אֲבִי *'ăβi*, אָח *'āḥ* frater, st. cstr. אֲחִי *'ăḥi*) weisen nur in einzelnen Formen Spuren eines dritten Consonanten auf. Es scheint indessen, daß man diese Nomina als solche betrachten muß, die schon in sehr alter Zeit ihren dritten Consonanten verloren, nicht aber als Reste ursprünglicher einsilbiger und zweiconsonantiger Wurzeln. Solche finden sich außer im Pronomen, nur in der Form Pilpel, wo die einsilbige Primärwurzel durch Verdoppelung zum Quadriliterum wurde und als solches auch in der späteren triliteralen Sprachperiode sich halten konnte (§. 73).

§. 73. Dem Nomen, wie dem Verbum gemeinsam sind die aus ursprünglicher Reduplication der Wurzel entstandenen, dem Piel verwandten Formen. Wirkliche Wiederholung der ganzen (jedoch noch in ihrer ursprünglichen einsilbigen Gestalt erhaltenen) Wurzel liegt im Pilpel vor, welches bei einigen Stämmen med. v und med. gemin. das Piel vertritt. Vgl. כִּלְכֵּל *kalkēl* nutrire, כִּלְכֵּל *kil-kēl* nutrivit = *kal-kila, kil-kila*, im Passivum כֻּלְכַּל *kul-kál* nutriebatur (jetzige Secundärwurzel כול), גַּלְגַּל *gal-gál* rota (jetzige Wurzel גלל). Durch eine erste Verkürzung entstand aus der Wiederholung der Wurzel die Form *qatal-tala*, vgl. סְחַרְחַר *sĕḥarḥár* palpitavit = *sahar-hara*. Die noch weiter verkürzte Form *qatlala* vertritt bei den Stämmen med. v, j die Stelle des Piel, z. B. מוֹתֵת *môθēθ* interficere und interfecit = *mavt-ita*, Pass. רוֹמַם *rômám* exaltabatur = *ravm-ama*, שַׁאֲנָן *ša'(ă)nā́n* quietus = *ša'n-ana*.

§. 74. Aus *qatlala* ist wohl zunächst *qattala* (hebr. *qattál*), die Grundform des Piel und der ihm verwandten Nomina entstanden. Sie findet sich unverändert im Infin. cstr., Imperat. und Fut. Piel der Stämme tert. gutt. und tert. *v*, *j*, z. B. שַׁלַּח *šalláḥ* mitte = *šallaḥ* und mittere = *šallaḥa*, zu *qattila* (hebr. *qattél*) geschwächt bei denselben Verbalformen in den anderen Wurzeln, vgl. דַּבֵּר *dabbḗr* loquere = *dabbir* und loqui = *dabbira*. Im Perfect des Piels ist die Form *qittala* oder *qittila* (hebr. *qittál*, *qittél*), welche letztere im Nomen abnorme Eigenschaften bezeichnet. Vgl. שִׁלַּח *šilláḥ* emisit, דִּבֶּר *dibbḗr* loquebatur = *dibbira*, עִוֵּר *'ivvḗr* coecus = *'ivvira*. Das Passivum hat *quttala*, vgl. שֻׁלַּח *šulláḥ* mittebatur. — Die in den Stämmen med. gemin. das Piel vertretende Form *qâtila*, Pass. *qâtala* (hebr. *qôtḗl*, *qôtál*) scheint durch Ersatzdehnung aus *qattala* entstanden zu sein, סוֹבֵב *sôḇḗḇ* circumdedit und circumdare = *sâbiba*, סוֹבַב *sôḇáḇ* circumdabatur und circumdari = *sâbaba*. — Die Nominalformen unterscheiden sich auch hier durch Dehnung des zweiten Vocals, welcher im stat. cstr. noch zuweilen kurz erscheint. So entsteht die Form *qattâla*, welche im Piel als Infinit. absol. fungirt, im Nomen habituelle Eigenschaften ausdrückt (hebr. *qattâ'l*, im Infinitiv *qattô'l*). Vgl. גַּנָּב *gannâb* fur, בָּרוֹךְ *bârô'ḵ* benedicere = *barrâka*. Als Nebenform erscheint *qittâla* (hebr. *qittô'l*, vgl. גִּבּוֹר *gibbô'r* heros = *gibbâra*), aus welcher vermittelst Ersatzdehnung statt der Verdopplung die Form *qîtâla* (hebr. *qîtô'l*) entstand, vgl. קִיטוֹר *qîṭô'r* fumus = *qîṭâra* = *qiṭṭâra*. Für den Infin. absol. des Passivs findet sich *quttâla* (hebr. *quttô'l*, vgl. גֻּנֹּב *gunnô'ḇ* furto abstrahi = *gunnâba*). — War der zweite Vocal bereits zu *i* oder *u* geschwächt, so entstehen durch Dehnung die Formen *qattîla* und *qattûla*, auch *qittûla*. Vgl. צַדִּיק *çaddî'q* justus, חַנּוּן *ḥannûn* misericors, שִׁקּוּץ *šiqqû'ç* abominatio.

§. 75. Dem Nomen und Verbum gemeinsam sind die

Stammbildungspräfixe *ha, hin (na)* und *hit*. Das Präfix *ha* ist wahrscheinlich aus *sa* entstanden (hebr. noch in סַנְוֵרִים *sanvērī́m* coecitas = *sa-nvir-î-m*, שַׁלְהֶבֶת *šalhā́β(e)θ* flamma = *ša-lhab-ta*) und hat causative Bedeutung. Tritt es vor den Stamm, so entstehen nach §. 61 die im Hiphil üblichen Formen *ha-qtala* oder *ha-qtila*, mit Schwächung des Präfixvocals auch *hi-qtala* oder *hi-qtila*, nach §. 47 auch *ha-qtîla* und *hi-qtîla*, für das Passivum *hu-qtala* und *hu-qtila*. Beispiele: הַרְבֵּה *harbḗ* multiplica = *ha-rbaj*, הִרְבָּה *hirbā́* multiplicavit = *hi-rba[ja]*, הַשְׁמֵד *hašmḗδ* devasta = *ha-šmid*, הִשְׁמִיד *hišmī́δ* devastavit = *hi-šmîda*, הֻכְשַׁל *huχšál* labebatur = *hu-kšala*, הֵיכָל *hêχál* templum = *ha-jkala*. Selten ist *ha-qtâla* (§. 7), wie in הַצָּלָה *haççâlā́* salvatio = *ha-nçâla-ta*. Einige mal wird das Präfix *ha* in *'a* verwandelt, vgl. אַזְכָּרָה *'azkârā́* commemoratio = *'a-zkâra-ta*. Andere Formen mit vorgesetztem *'a* oder *'i* sind wohl bloß euphonischen Ursprungs und beruhen auf der Regel §. 30 oder auf Vocalumstellung, vgl. אַרְבַּע *'arba'* quatuor = *rba'a*, אֶצְבַּע *'eçba'* digitus = *'i-çba'a, çab'a*, אֶזְרוֹעַ *'ezrô(a)'* = *'izrá'* = *zirá'a*.

§. 76. Das für das Niphal verwendete Präfix *na* erscheint, wenn der folgende Consonant seinen Vocal behält, in der Form *hin*, deren *n* sich stets assimilirt; so entstehen die Stämme *na-qtala, ni-qtala* neben *hin-qatala, hin-qatila*, im Infin. absol. auch *hin-qatâla*. Vgl. נַעֲרָץ *na'(ă)rā́ç* timendus = *na'raça*, נְבָרַךְ *niβráχ* benedicebatur = *ni-braka*, הִמָּשַׁח *himmāšáḥ* ungi = *hin-mašaha*, הִנָּחֵם *hinnāḥḗm* misereri = *hin-nahima*, הִנָּתֹן *hinnāθṓn* dari = *hin-natâna*.

§. 77. Das Präfix *hit* (hebr. *hiθ*), welches reflexive Bedeutung hat und vielleicht mit der Partikel אֶת verwandt ist, findet sich im hebräischen nur vor dem Piel und den zu diesem gehörigen Verbalformen. Vgl. הִתְמַהְמֵהַּ *hiθmahmḗ(a)h* dubitavit = *hit-mah-mih*, הִתְנַכֵּר se dissimulare = *hit-nakkira*. Das vor Nominalformen tretende *ta* scheint anderen Ursprungs zu sein, s. §. 79.

§. 78. Nur der Nominalbildung gehört das Präfix *ma* an, welches indefinite Bedeutung hat und mit dem gleichlautenden Wortbildungsaffix identisch ist. Vor dem einfachen Stamm bezeichnet es meist die Handlung, den Ort oder das Werkzeug. So entstehen die Formen *ma-qtala, ma-qtila, ma-qtula, mi-qtala, mi-qtila, ma-qtâla, mi-qtâla, ma-qtûla*. Vgl. מַחְמָד *mahmấs* desiderium = *ma-ḥmada*, מִדְבָּר *midbấr* desertum = *mi-dbara*, מִזְבֵּחַ *mizbē(a)ḥ* altare = *mi-zbiḥa*, מִכְלוֹל *miχlốl* perfectio = *mi-klâla*, מַלְבּוּשׁ *malbûš* vestis = *malbûša*. — Vor dem verdoppelten oder durch *ha*, *hit* vermehrten Stamm (Piel, Poel, Pilpel, Hiphil, Hithpael und deren Passiva) dient *ma* zur Bezeichnung des Particips, wird aber alsdann zu *mu* geschwächt, welches sich im hebräischen zu *mĕ* verflüchtigt und nach welchem das *h* von *ha* oder *hit* elidirt wird. Vgl. מְדַבֵּר *mĕdabbḗr* loquens = *mu-dabbira*, מְבֹרָךְ *mĕβōrấχ* benedictus = *muburraka*, מְמוֹתֵת *mĕmōθḗθ* interficiens = *mu-mavt-ita*, מַחֲרִים *maḥ(ă)rī́m* anathematizans = *mĕ-ha-ḥrī́m*, Pass. מָחֳרָם *moḥ(ŏ)rắm* = *mĕ-ho-ḥram* = *mu-hu-ḥrama*, מְתֻיֶּלֶּד *miś-jallḗs* registro inscriptus = *mĕ-hiś-jallḗs* = *mu-hit-jallida*, מִתְמַהְמֵהַּ *miśmahmḗ(a)h* dubitans = *mĕ-hiś-mah-mēh* = *mu-hit-mah-miha*.

§. 79. Als erstarrte Wortbildungspräfixe sind wohl *ja* und *ta* zu betrachten, welche gewöhnlich nur vor dem Futurum zur Bezeichnung der dritten Person masc. und fem. vorkommen, aber aus einer Periode her, die noch nicht scharf zwischen Nomen und Verbum schied, sich noch zuweilen als Nominalpräfixe erhalten haben. Nicht selten wird alsdann (wie auch im arabischen) der letzte Vocal zum Unterschied von den Futurformen, gedehnt. Vgl. יִצְהָר *jiçhấr* oleum = *ja-çhara*, יַלְקוּט *jalqû́ṭ* pera, תִּדְהָר *tidhấr* abies = *ta-dhara*, תַּגְמוּל

taγmû'l retributio, vom Hiphil תּוֹדָה *tôđă* laudatio = *tĕha-vdaja-t*.

§. 80. Die scheinbaren Stammbildungssuffixe sind sämmtlich nur erstarrte Formen der Wortbildung. Hierher gehört zunächst das indefinite *ma*, welches gewöhnlich zu *na* wird, und vor dem der stammauslautende Vocal entweder ausfällt oder bleibt oder gedehnt wird. Vgl. סֻלָּם *sullăm* scala = *sulla-m*, פִּדְיוֹם *piđjó'm* solutio neben פִּדְיוֹן *piđjó'n* = *pidjâ-ma*, כְּנַעַן *Kĕna(a)n* = *kna'-n*, קׇרְבָּן *qorbân* sacrificium = *qurba-na*, יִתְרוֹן *jiṫró'n* usus = *jatrâ-na*. Seinem Ursprung entsprechend steht dies Affix hinter der Femininendung (z. B. לִוְיָתָן *livjăṫăn* = *livjata-na*) und fällt hinter Eigennamen ab, weil diese stets bestimmte Bedeutung haben (vgl. שִׁילֹה *šîlô'*, שִׁלֹנִי *šîlôn-î'*) *).

§. 81. Zur Bildung von Patronymicis, Gentiliciis und anderen Adjectiven der Eigenschaft dient die aus dem Genetiv des Plurals entstandene Endung *ajja*, *ijja*, welche durch Anhängung der Femininendung *t* auch Abstractbedeutung erhält. Die verwandte Endung *aja*, *aj* gehörte vielleicht dem Genet. Sing. an. Vgl. שַׁדַּי *šaddáj* omnipotens = *šadda-j-[ja]*, עִבְרִי *'iβrí*, plur. עִבְרִיִּים *'iβrijjí'm* = *'ibri-j-j-î-m*, רֵאשִׁית *rēšî'ṫ* principium = *r'iš-î-t*, אִשָּׁה *'iššắ* = *'išša-[ja]*. — Viele Abstracta werden auch mittelst der aus dem Nomin. Plur. entstandenen Endung *urva* gebildet, der man das Femininaffix anhängt. Vgl. מַלְכוּת *malĕχû-ṫ* regnum = *malaku-v-v-t*, plur. מַלְכֻיּוֹת *malĕχujjô'ṫ* = *malaku-v-v-ât*.

---

*) Die Zusammenstellung des Affixes *n* mit der Nunnation und des Affixes *î* mit dem Gen. Plur. findet sich schon bei Tegnér, de nunnatione arabica.

IV. Wortbildungslehre.

1) Pronominalflexion.

§. 82. Das Personalpronomen lautet im hebräischen: 1. sing. אָנֹכִי *ānōχī́* (in Pausa *ānṓχî*) oder אֲנִי *ănī́* (in P. אָ֫נִי *ắnî*), 1. plur. אֲנַ֫חְנוּ *ănáḥnû* (in P. אֲנָ֑חְנוּ *ănā́ḥnû*), selten נַ֫חְנוּ *náḥnû*, einmal אֲנוּ *ănû́*, 2. sing. masc. אַתָּה oder אַתְּ *attắ* (in P. אָ֫תָּה *ắtta*), 2. sing. fem. אַתְּ *att* (in P. אָ֑תְּ *ā́tt*), einigemal אַתִּי *attī́*, 2. pl. masc. אַתֶּם *attḗm*, 2. pl. fem. אַתֵּן *attḗn* und אַתֵּ֫נָה *attḗnā* (woneben auch die Varianten אַתֶּ֫נָה, אַתֵּ֫נָה und (אַתֵּ֫נָה), 3. sing. masc. הוּא *hû'*, 3. sing. fem. הִיא *hī́*, 3. plur. masc. הֵם oder הֵ֫מָּה *hḗm*, *hḗmma*, 3. plur. fem. הֵ֫נָּה *hḗnnā*. Einige abweichende Formen haben sich als Suffixe und Verbalendungen erhalten, namentlich *j = ja* in der 1. sing. und *v = va* in der 3. sing. masc., *hâ* für die 3. sing. fem., *k* für *t* durch die ganze zweite, umgekehrt *t* für *k* in der 1. sing., endlich *tû* für die 2. plur. und *mô* für die 3. plur. masc. Im Pentateuch wird הִיא noch durch הוּא vertreten.*)

---

*) Die sehr schwierigen Formen sind vielleicht so aufzufassen: *hû'* (vgl. arab. *huva* und das *va* in Suffixen und Wortbildungselementen) ist aus zwei Stämmen *ha* und *va* zusammengesetzt; nur so scheint die äthiopische Form und das Suffix *hâ* für die 3. sing. fem. erklärbar. Die ursprünglich gemeinsame Form trennte sich später nach dem Genus, indem die Nebenform *ja* für das Femininum benutzt wurde, sodaß aus *ha-ja*, *hi-ja*, *hî'* sich ein neues Pronomen bildete. Der Plural fügte zum Singular die indefinite Pronominalwurzel *ma* hinzu, deren zweimalige Wiederholung die Mehrzahl bezeichnete; aus *hû-m-ma* oder *hî-m-ma* mußte dann nach §. 38 *himma* (hebr. nach §. 42 *hḗmmā*) werden; das Suffix *-mô* schließt hieran noch einmal *u = va* an, wenn es nicht etwa aus *mâ* entstanden ist und in demselben das indefinite Affix mit Vocaldehnung vorliegt, wie dies sicher in den poet. Formen כְּמוֹ *kĕmô* (vor Suff. auch in Prosa), לְמוֹ *lĕmô*, בְּמוֹ *bĕmô = ka-mâ, la-mâ, ba-mâ* der Fall ist. Die Genusunterscheidung durch *m* oder *n* ist bloße Benutzung einer Nebenform zur Begriffsdifferenzirung. — Die eigentliche Wurzel der

§. 83. Das Demonstrativum wird von dem Stamme za (urspr. da) gebildet, und hat im Masculinum זֶה $z\bar{a} = za$, im Femininum mit der weiblichen Endung ta זֹאת $zô\partial$ (einigemal זֹה, זוּ $zó$). Als commune wird gebraucht das durch die Nominativendung vermehrte זוּ $zû$. Zusammengesetzte, seltene Nebenformen sind הַלָּזֶה $hallāz\bar{a}$ (masc.), הַלֵּזוּ $hallēzû'$ (einmal, bei einem fem.) und הַלָּז $hall\acute{a}z$ (comm.). Der Plural heißt immer אֵלֶּה $'éllā$, mit dem Artikel im Pentateuch auch הָאֵל $h\bar{a}'él$. Der Artikel ha (urspr. hal) ist offenbar mit $'éllā$ verwandt; sein l wird stets dem folgenden Consonanten assimilirt, daher seinen Vocal vor Gutturalen die Lautgesetze §. 28. 29 betreffen. Nach den Präpositionen bĕ, lĕ, kĕ wird sein h elidirt, s. §. 35.

§. 84. Das Relativum lautet meist אֲשֶׁר $'ăsér$, zuweilen se oder sa mit Verdoppelung des folgenden Consonanten. — Das Interrogativum und Indefinitum ist für das Neutrum מָה $m\bar{a}$, für das Masculinum מִי $mî$ (eigentlich ein Genetiv). Erstere Form erscheint in Pausa als $m\bar{a}$, bei geringeren Distinctivaccenten vor Nichtgutturalen als $m\ddot{a}$, vor Gutturalen als $m\bar{a}$, bei Conjunctivaccenten als $m\bar{a}$, vor ḥū, hū und 'ā aber als $m\ddot{a}$, endlich, wenn sie ihren Accent verliert, als ma mit Verdoppelung des folgenden Consonanten und vor Gutturalen als $m\bar{a}$, $m\bar{a}$, ma nach §. 28, 29.

---

2. Pers. ist jedenfalls ta, vor welches an tritt. Das Fem. wurde später durch Anfügung von hi' gebildet, nachdem dies zur Genusbezeichnung geworden war. Der Plural wurde wohl durch doppelte Anfügung von va (ja) = u (i) und ma bezeichnet, und später auch hier mittelst m oder n ein künstlicher Genusunterschied hergestellt. — In der 1. Person scheint ak, ah der Hauptbestandtheil, an ein Präfix und î ein aus ja = va entstandenes Affix zu sein. Der Plural affigirt statt des letzteren ein (in anderen Dialecten zwei) ma, dessen m zu n wird, und ein zweimaliges u = va. In den Suffixen werden dann das t der zweiten und das k der ersten Person oft mit einander verwechselt.

2) Declination.

§. 85. Die Declination geht im hebräischen durch An=
fügung dreier Affixe vor sich, nämlich des Femininaffixes *ta*,
des Nominativaffixes *va*, welches am Accusativ fehlte, am
Genetiv zu *ja* wurde, und des Indefinitums *ma*, welches un=
serem unbestimmten Artikel entspricht. Der Plural wird durch
Verdoppelung eines dieser Affixe bezeichnet, doch findet sich im
hebräischen nie ein verdoppeltes *ma*, außer in der Prono=
minalflexion. Diese Suffixe, sowie der ihnen vorhergehende
Stammauslaut können Vocal verlieren, *v* und *j* alsdann
sich zu *u*, *i* vocalisieren. Bei der Erklärung der hebrä=
ischen Formen ist stets zu bedenken, daß kurze Endvocale
nach §. 37 abfallen, aber durch antretende Suffixe geschützt
werden, ferner daß die Casusendungen (abgesehen vom loca=
len Accusativ) als solche nicht mehr unterschieden werden, end=
lich daß die bestimmte Form (ohne *ma*) nur noch im stat. cstr.
und vor Suffixen steht.

§. 86. Der bestimmte accus. sing. mascul. repräsen=
tiert also im Nomen, wie das Perfect im Verbum, den reinen
Stamm ohne jede Endung, z. B. *sûsa* equum. Die unbe=
stimmte Form hängt ihr schon früh vocallos gewordenes Affix
an, *sûsa-m* equum aliquem. Beide Formen müssen im he=
bräischen nach §. 37 zu סוּס *sûs* werden, doch haben sich hier
noch viele Reste der alten Endung erhalten. Vor den meisten
Personalsuffixen bleibt das *a* des Stammauslauts, vgl. סוּסוֹ
sûsô equus ejus = *sûsa-hû*. Um die Richtung wohin ?,
zuweilen auch den Ort wo ? zu bezeichnen, wird noch in ziemlich
ausgedehntem Maße die Endung *a* (natürlich gesteigert) bei=
behalten. Sie ist unbetont und bewirkt keine andern Vocal=
veränderungen, als Verflüchtigung eines vorhergehenden Hülfs=
vocals. Vgl. מִדְבָּרָה דַּמֶּשֶׂק *midbárā Dammā́s(e)q* in desertum Damasci, יָמָּה *jámmā* in mare = *jamma*, הַבַּיְתָה
hab-báj(ĕ)θā in domum = *hal-bajta*, בֵּיתָה יוֹסֵף *bēθā*
Jôsếφ. Nach falscher Analogie wird diese Endung auch an

den Plural angehängt, z. B. in כַּשְׂדִּימָה *kaṣdī′ma* ad Chaldaeos. — Die unbestimmte Accusativendung *a-m* erscheint theils unverändert (hebr. *ám*), theils zu *â-m* gedehnt (hebr. *ô′m*), z. B. in יוֹמָם *jômám* interdiu, חִנָּם *ḥinnám* gratis = *javma-m*, *ḥinna-m* שִׁלְשׁוֹם *šilšô′m* nudiustertius = *šilšâ-m*. Vgl. §. 78.

§. 87. Die Nominativendung *u* verdrängt meist den vorhergehenden Stammauslaut *a* und muß dann im hebräischen selbst wegfallen. So muß *sûs[a]-u* equus, desgleichen die unbestimmte Form *sûs[a]-u-m* equus aliquis, zu סוּס *sûs* werden. In einigen Beispielen hat sich aber das *a* erhalten und ist mit *u* zu einem Diphthong verschmolzen, der dann im hebräischen bleiben mußte. Vgl. מַעְיְנוֹ *ma'jĕnô′* fons = *ma-'jana-u*. — Vor den Pronominalsuffixen läßt sich mit Sicherheit keine Nominativendung nachweisen.

§. 88. Die aus der Nominativendung entstandene Genetivendung *i* bewirkt ebenfalls Wegfall des vorhergehenden Stammauslautes *a*, und muß demnach sowohl in der bestimmten Form *sûs[a]-i*, equi, als auch in der unbestimmten *sûs[a]-i-m* equi alicujus, im hebräischen schwinden, so daß nur סוּס *sûs* übrig bleibt. Doch hat sich die Endung vielfach vor Suffixen erhalten, vgl. סוּסֵנוּ *sûsê′-nû* equus noster = *sûs-i-nû*. Außerdem erscheint sie noch einige mal zu *î* gedehnt, am stat. cstr., vgl. עֹזְבִי הַצֹּאן *'ōzĕβî′ haç-çô′n*, desertor gregis = *'âzib-î*.

§. 89. Da der Plural durch doppelte Setzung eines Affixes bezeichnet wird, so konnte von der aus dem bloßen Stamm bestehenden Accusativform kein Plural gebildet werden. Der Plural des Nominativs lautete ursprünglich *sûsa-va-va* und hat sich so in der § 79 erwähnten Abstractform noch fast unverändert erhalten, indem nur, wie gewöhnlich, der zwischen den beiden identischen Consonanten stehende Vocal ausgestoßen wurde. Nachdem die Affixe ihren Vocal verloren hatten, wurde *u-u* zu *û*, vor welchem der Stammauslaut ſchwand (ausgenommen einmal הַגְּמֻלוֹהִי *taymûlốhi* retributiones ejus = *ta-gmûla-û-hú*). Dieſe Endung hat ſich aber nur im Verbum erhalten, indem das Nomen nur die Genetivendung benutzt. — Der unbeſtimmte nomin. plur. *sûs[a]-u-u-ma*, deſſen letzter Vocal im urſemitiſchen wegen §. 38 bleiben mußte, hat ſich nur zuweilen, jedoch mit Verwandlung des *m* in *n*, am Verbum erhalten, vgl. תְּדַכְּאוּנַנִי *tĕdakkĕ'ŭnánî* conculcatis me = *tu-dakki'-u-u-ma-nî*, יָדְעוּן *jādĕ'ûn* scierunt = *vada'-u-u-ma*.

§. 90. Am hebräiſchen Nomen wird der Plural jetzt ausſchließlich durch Verdoppelung der Genetivendung gebildet. Urſprünglich lautete er alſo *sûsa-ja-ja*, eine Form, die in den §. 79 angeführten Adjectivbildungen ſich noch faſt vollſtändig zeigt. In der Regel verlieren aber beide Genetivaffixe ihren Vocal und verſchmelzen alsdann zu *î* oder *j*, was mit dem vorhergehenden Vocal einen Diphthong (hebr. *aj, ê, ấ*) bildet. Die regelmäßige Form iſt *ê*, während *aj* und *ấ* nur vor einigen Suffixen vorkommen. So erhalten wir סוּסֵי *sûsế'* equi = *sûsa* = *sûsa-j*, סוּסֵינוּ equi nostri *sûsế'nu* = *sûsa-j-nû*, סוּסֶיהָ *sûsä́hâ* equi ejus = *sûsa-j-hâ*, סוּסַי *sûsáj* equi mei = *sûsa-j-[ja]*. — Der Dual unterſcheidet ſich in der beſtimmten Form nicht vom Plural.

§. 91. Die unbeſtimmte Form hängt das Suffix *ma* an, welches im urſemitiſchen wegen §. 38 ſeinen Endvocal behalten mußte. Die ältere, der beſtimmten Form entſprechende Bildung hat ſich mit Einſchiebung eines Hilfsvocals nach §. 52 in der Bedeutung des Duals erhalten, vgl. סוּסָיִם *sûsá-j(i)m* equi duo = *sûsa-j-ma*, außerdem noch in den zwei Pluralen מַיִם *maj(i)m* aquae und שָׁמַיִם *šāmáj(i)m* coeli = *šam[aj]a-j-ma*. In der gewöhnlichen unbeſtimmten Pluralform wird aber das *a* des Stammauslautes von dem folgenden *î* verdrängt; hierdurch entſteht סוּסִים *sûsî'm* equi aliqui = *sûs[a]-i-i-ma*. Einigemal findet ſich, wie im Verbum, *n* für *m*, מִדִּין *midd-în*.

§. 92. Das Femininaffix ist *ta*, verkürzt *t* (wie im Verbum), auf welches im Nom. und Gen. die Affixe *u, i* und in der unbestimmten Form noch *m* folgten. Nach dem hebräischen Auslautsgesetz mußte aber ganz wie im Masculinum (außer vor Suffixen, wie סוּסָתוֹ *sûsāṯṓ* equa ejus = *sûsa-ta-hû*, סוּסָתֵנוּ *sûsāṯḗnû* equa nostra = *sûsa-t-i-nû*) alles hinter *t* befindliche wegfallen (vereinzelte Ausnahmen z. B. acc. עֶזְרָתָה *ʿezrā́ṯā* auxilium = *ʿizra-ta*, לִוְיָתָן *livjāṯā́n* = *livja-ta-m*, nomin. חַיָּתוֹ *hajjĕṯṓ* vita = *hajja-ta-u*, gen. רַבָּתִי *rabbā́ṯî* domina = *rabba-t-i*), sodaß alle Unterschiede zwischen den verschiedenen Casus und Status wegfielen. Es bildete sich aber im hebräischen eine doppelte Femininform, je nachdem der dem Affixe *ta* vorhergehende Endvocal des Stammes nach §. 61 ausgestoßen wurde oder nicht. Im letzteren Falle entstand die Form סוּסַת *sûsáṯ* equa = *sûsa-ta*, welche am stat. cstr. und vor Suffixen bleibt, im stat. absol. aber das hier nicht durch die enge Verbindung mit dem folgenden geschützte *t* verliert und alsdann nach §. 42 das vorhergehende *a* steigert, vgl. סוּסָה *sûsā́* equa aliquis = *sûsa[ta]*. War aber der stammauslautende Vocal vor *ta* weggefallen, so mußte, nachdem *t* durch das hebräische Auslautsgesetz an das Ende des Worts getreten war, nach §. 52 ein *e* als Hilfsvocal eingeschaltet und die vorhergehende Silbe gesteigert werden; war aber der letzte Stammconsonant ein Guttural, so wurde *a* als Hilfsvocal angenommen und das vorhergehende *a* blieb ungesteigert. Besonders häufig ist diese Bildungsweise der Feminina bei Participien und Infinitiven, unmöglich ist sie bei Stämmen, die keinen Vocal vor dem Schlußconsonanten haben. Vgl. מוֹרַעַת *môdáʿ(a)ṯ* cognatio = *ma-vdaʿ-ta*, קוֹטֶלֶת *qôṭā́l(e)ṯ* interficiens = *qâtal-ta*, חֲמֵשֶׁת *ḥămḗš(e)ṯ* quinque = *ḥamiš-ta*, גֻּלְגֹּלֶת *gul-gṓl(e)ṯ* cranium = *gul-gul-ta*. Ein langer Vocal in der letzten Stammsilbe muß natürlich nach §. 38 verkürzt werden, ein so verkürztes *i* oder *u* aber im hebräischen wieder Steigerung erhalten. Vgl. שָׁחַת *šaḥ(a)ṯ* fovea = *šaḥ-ta* = *šâḥ-ta* = *šavaḥ-ta*, von אִישׁ *'iš* fem. stat. cstr. אִשָּׁה *'eš(e)ᵈ* = *'iš-ta* = *'iš-ta* = *'inš-ta*, von נָחוּשׁ *nāḥûš* dual. fem. נְחֻשְׁתַּיִם *nĕḥuštáj(i)m* = *naḥuš-ta-j-ma*, aber sing. נְחֹשֶׁת *nĕḥōš(e)ᵈ* aes = *naḥuš-ta*. Kein Hilfsvocal steht natürlich, wenn der vorhergehende Consonant an das *t* assimilirt wurde, oder ein Alef war oder in Folge der hebräischen Lautgesetze schon im Masculinum vocalisirt worden war. Vgl. אֲמֶת *'ĕmāᵈ* veritas = *'amat-ta* = *'aman-ta*, vor Suffixen אֲמִתּוֹ *'ămittô* = *'aman-ta-hû*, חַטָּאת *ḥaṭṭâᵈ* peccatum = *ḥaṭṭâ'-ta*, שְׁבִית *šĕβî-ᵈ* captivitas, vom Masc. שְׁבִי *šĕβî* = *šabj*. — Die kürzere Femininbildung bleibt sich ganz gleich im stat. cstr. und abs., wird aber zuweilen für den stat. cstr. auch da gesetzt, wo der stat. absol. der ersteren folgt. Sie bewahrt meist in der vorhergehenden Silbe noch das ursprüngliche *a*, wenn es auch im Masc. schon zu *i* geworden ist. Z. B. קוֹטֵל *qôṭēl* = *qâṭila*, Fem. קוֹטֶלֶת *qôṭāl(e)ᵈ* = *qâṭal-ta*.

§. 93. Der Plural des Femininums wurde wahrscheinlich durch Wiederholung des Femininaffixes gebildet, wobei das erste *t* schon frühzeitig elidirt wurde. Die später folgenden Casus- und Statusaffixe fielen sämmtlich nach dem hebräischen Auslautsgesetz ab, sodaß für stat. absol. und cstr. nur eine Form üblich bleibt, nämlich סוּסוֹת *sûs-ốᵈ* = *sûsât* = *sûsa-[t]a-t-u* oder *sûsa-[t]a-t-u-m*. Nur im Verbum (aramäisch auch im Nomen) hat sich eine besondere Endung für die unbestimmte Form erhalten, indem hier auch das zweite *t* elidirt wurde und nur das indefinite *m*, zu *n* verwandelt, übrig blieb. — Vor Suffixen tritt im hebräischen nach falscher Analogie noch die Pluralendung des Masculinums hinter die feminine Pluralendung.

§. 49. Um im Femininum den Dual zu bezeichnen, wird eine Nebenform gewählt, welche die Mehrheit durch Wiederholung des Casusaffixes, nicht des Genusaffixes bezeichnet, letzteres vielmehr nur einmal setzt. So entsteht סוּסָתֵי *sûsăḏē'* equae duae = *sûsa-ta-i-i*, vor Suffixen סוּסָתֵינוּ *sûsāḏē'nû* equae nostrae = *sûsa-ta-i-i-nû*, in der bestimmten Form mit Anhängung des Statusaffixes סוּסָתַיִם *sûsāḏáj(i)m* equae duae aliquae = *sûsa-ta-j-ma*.

§. 95. Die obige Uebersicht zeigt, daß das hebräische aus der altsemitischen Declination sich die Genusunterschiede durchgängig bewahrt, die Casusunterschiede fast vollständig verloren und die Statusunterschiede nur im Plural des Masculinums und im Dual erhalten, im Singular des Femininums neu gebildet hat. Indessen kommen noch einige wenige Worte vor, die im sing. masc. eine ursprüngliche Verschiedenheit zwischen stat. abs. und stat. cstr. bewahrt haben, weil ihre bestimmte Form schon im ursemitischen in Folge von Contraction auf einen langen Vocal endete, welcher in der unbestimmten Form nach §. 38 wegen des antretenden, die Silbe schließenden *m* verkürzt werden mußte, die Endsilbe des stat. absol. also dem hebräischen Auslautsgesetz verfallen mußte, die des st. cstr. nicht. Vgl. אֲבִי *'ăḇî* pater, zunächst = *'abi*, aber st. abs. אָב *'āḇ* = *'ab* = *'abim* = *'abi-m*. Ebenso אֲחִי frater *'ăḥî*, st. abs. אָח *'āḥ*, חֲמִי socer *ḥămî*, st. cstr. חָם *ḥām*, פֶּה *pā̄* os (zunächst von *pa-m*), st. cstr. פִּי *pî*. — Eine andere Verschiedenheit ist die, daß die auf *aj* endigenden Nominalstämme im stat. abs. *ā̄*, im st. cstr. *ē* haben (§. 33), z. B. חוֹזֶה *ḥôzā̆* propheta, Grundform *ḥâza[ja-m]*, st. cstr. חוֹזֵה *ḥôzē*, Grundform *ḥâzaj[a]*.

§. 96. Alle anderen Unterschiede zwischen stat. abs. und stat. cstr. beruhen nur auf den späteren hebräischen Lautgesetzen. Während nämlich im stat. abs. nach der allgemeinen Regel (§. 42. 43) die erste offene Silbe vor dem Ton gesteigert und erst die zweite verflüchtigt wird, muß im st. cstr., weil er nur einen Nebenaccent hat, schon die erste offene Silbe vor dem Ton verflüchtigt werden, die zweite aber, damit nicht

zwei Halbvocale auf einander folgen, ihren kurzen Laut be=
halten.*) (Ausnahmen sind sehr selten, z. B. שְׂמֵחֵי *sĕmēhê*
laetantes = *samiḥaj* neben dem regelmäßigen שִׂמְחֵי *simĕχê*,
אֱזֹר *'ezô'r* cingulum = *'izâra*.) Außerdem wird das *a*
einer betonten geschlossenen Silbe im st. cstr. nie gesteigert,
wie meist im st. abs. geschieht. Durch diese beiden Regeln
lassen sich alle Vocalveränderungen der hebräischen Declination
erklären. Vgl. חָכָם *ḥāχám* sapiens, Grundf. *ḥakama*, st.
cstr. חֲכַם *ḥăχàm*, fem. חֲכָמָה *ḥăχāmá*, st. cstr. חַכְמַת *ḥa-
χĕmàθ*, plur. חֲכָמִים *ḥăχāmí'm*, st. cstr. חַכְמֵי *ḥaχĕmê*,
plur. fem. חֲכָמוֹת *ḥăχāmô'θ*, st. cstr. חַכְמוֹת *ḥaχĕmô'θ*,
du. חֲכָמַיִם *ḥăχāmáj(i)m*, st. cstr. חַכְמֵי *ḥaχĕmê*, du. fem.
חַכְמָתַיִם *ḥaχĕmāθáj(i)m*, st. cstr. חַכְמָתֵי *ḥăχamĕθê*. Hier=
nach kann man leicht jedes andere Thema declinieren, wenn
man dabei noch folgende Einzelheiten beachtet.

§. 97. Nach §. 46 wird *a*, wenn es in offener Silbe
wegen eines folgenden Halbvocals kurz bleiben muß, häufig zu
i umgelautet, z. B. דִּבְרֵי *di-βĕ-rê* = *da-ba-raj*, ebenso in
geschlossener, unbetonter Silbe, vgl. זִבְחוֹ *ziβḥô'* sacrificium
ejus = *zabḥa-hû*. In beiden Fällen wird *u* fast stets zu *o*,
vgl. קָדְשֵׁי *qo-δĕ-šê* sanctuaria = *qu-da-ša-j*, קָדְשׁוֹ *qoδ-šô*
sanctuarium ejus = *qudša-hû*. Dagegen wird *i* (auch das
aus *a* entstandene *i*) in denselben Fällen seltner, meist nur bei
vorhergehendem Guttural, in *e* umgelautet. Vgl. עֶגְלֵי *'e-γĕ-lê*
vituli = *'igala-j*, עֶגְלוֹ *'eγlô'* vitulus ejus = *'igla-hû*,
חֶבְלֵי *ḥeβĕlê* vincula = *ḥibalaj, ḥabalaj* neben חַבְלֵי *ḥaβĕlê*.

§. 98. In offener Vortonsilbe wird *u* stets, *i* sehr häu=
fig (namentlich vor langen Vocalen, in den Formen *maqtila*
und *qittila*, sowie meist in Participien und Infinitiven, vgl.
§. 66, Anm.) nicht gesteigert, sondern verflüchtigt. Vgl. פְּרָת

---

*) Diese Verflüchtigung der Vortonsilbe ist der Form des Femini=
nums, welche das stammauslautende *a* vor dem *t* ausstößt, schon im
stat. abs. eigen.

pĕrāð = purât, כְּתָב kĕðāβ = kitâba, קוֹטְלִים qôtĕlī'm interficientes = qâtilîm, מוֹעֲדִים mô'ădī'm congregationes ma-v'id-î'm.

§. 99. Stammvertauschung tritt besonders in folgenden Fällen ein. 1) Die einsilbigen Nominalformen qatl[a], qitl[a], qutl[a] bilden ihren Plural (nicht ihren Dual) stets von dem zweisilbigen Stamme qatal[a], qital[a], qutal[a]. Vgl. מֶלֶךְ māl(e)χ rex = malka, מַלְכּוֹ malkō' rex ejus = mal-ka-hû, aber plur. מְלָכִים mĕlāχī'm = malak-îm, st. cstr. מַלְכֵי malĕχê' = malakaj. 2) Die Umstellung von qatla, qitla, qutla zu qtala, qtila, qtula tritt auch im Nomen zuweilen ein, regelmäßig am Infinitiv, wenn kein voller Vocal folgt, vgl. שְׁכַב š(ĕ)χaβ jacere = škaba = šakba, שְׁמֹר š(ĕ)mōr custodire = šmura, šumra, שָׁמְרֶךָ š(ĕ)morĕχā̊ = šmura-ka, aber שָׁמְרוּ šom(ĕ)rō' = šumra-hû (mit unorganisch eingeschobenem Halbvocal, s. §. 49), außerdem in Stämmen med. alef mit i, z. B. בְּאֵר be'ēr fons = b'ira, bi'ra, pl. st. cstr. entweder בְּאֵרוֹת bĕ'ĕrōð = b'ir-ât oder nach der ursprünglichen Stellung בְּאֵרוֹת be'ĕrōð = bi'ar-ât. 3) Die Form qatila legt im stat. cstr. zuweilen qatla oder das umgestellte qtala zu Grund. Vgl. כָּתֵף kāðḗφ umerus = ka-tipa, st. cstr. כָּתֵף kāð(e)φ = katpa, זָקֵן zāqḗn senex = zaqina, st. cstr. זְקַן zĕqan = zqana, zaqna. 4) Die Form qattâla entbehrt ihrer wohl erst später eingetretenen Dehnung im st. cstr. des sing. masc. und des fem. plur., meist auch vor Suffixen am femininen Plural, vgl. פָּרָשׁ pā-rāš eques = parrâša, st. cstr. פָּרָשׁ pārāš = parraša.

§. 100. Der letzte Stammconsonant erleidet zuweilen, am häufigsten in der Form qatula, euphonische Verdopplung, um dadurch den vorhergehenden Vocal nach §. 41 unveränderlich zu machen. Vgl. זְמַנִּים zĕmannī'm tempora = zman-îm, גְּמַלִּים gĕmallī'm cameli = gamal-îm, מִשְׁמַנִּים miš-mannī'm fortes = ma-šman-îm, עָמֹק 'āmṓq profundus = 'amuqa, fem. עֲמֻקָּה 'ămuqqā̊ = 'amuqa-t, st. cstr. עֲמֻקַּת

'ămuqqắה. — Seltner ist eine gleiche euphonische Verdoppelung des zweiten Stammconsonanten; sie ist fast ausschließlich auf den stat. abs. beschränkt. Vgl. אִסָּר 'issâr prohibitio = 'isâra, חִזָּיוֹן ḥizzajô'n visio = ḥizajân, st. cstr. חֶזְיוֹן ḥezĕjô'n.

§. 101. Ein stammauslautendes *aj* (hebr. *ā̆*, stat. cstr. *ê*) fällt vor den Endungen des Femininus, des Plurals und der Suffixe fast stets aus. Vgl. חֹזֶה ḥôzắ propheta = ḥazu-[ja-m], stat. cstr. חֹזֵה ḥôzê̂ = ḥazaj[a], fem. חֹזָה ḥôzắ, stat. cstr. חֹזַת ḥôzà̆ה = ḥâzaja-t, pl. חֹזִים ḥôzî̂m = ḥâ-zaj-îm, stat. cstr. חֹזֵי ḥôzê̂ = ḥâzaj-aj, pl. fem. חֹזוֹת ḥôzô'ה = ḥâzaj-ât, חֹזְךָ ḥôzĕxắ propheta tuus = ḥâ-z[aj]a-ka, חֹזֵהוּ ḥôzếhû pr. ejus = ḥâz[aj]-i-hû. Doch finden sich vereinzelt auch Formen vor Suffixen, in denen das *aj* erhalten ist, z. B. מִקְנֶיךָ miqnắxā possessio tua = ma-qnaj-ka, מַרְאֵיהֶם mar'êhém aspectus eorum = ma-r'aj-hum. Im Femininum des Infinitivs wird der dem elidirten *j* vorhergehende Vocal mit dem folgenden verschmolzen, vgl. רְאוֹת videre r(ĕ)'ô'ה = r'aja-t, הַחֲיוֹת haḥ(ă)jô'ה servare = ha-ḥjaja-t.

§. 102. Die Endungen *ijja* und *ujja* (aus *uvva*) nehmen, obwohl ursprünglich selbst Pluralformen, die Genus- und Numerusendungen in gewöhnlicher Weise an; nur der Plural hat -*îm* aus -*ijj-îm* contrahiert und im Sing. wird -*ijj* stets zu *î*, *uvv* zu *û*; die Endung des sing. fem. schließt sich an erstere Endung häufig, an letztere stets direct an. Vgl. עִבְרִי 'iβrî hebraeus = 'ibrijj, fem. עִבְרִית 'iβrî'ה oder עִבְרִיָּה 'iβrijjă̂ = 'ibrijja-t, plur. עִבְרִיִּים, contrahiert עִבְרִים 'iβrî̂m = 'ibrijj-îm, fem. עִבְרִיּוֹת 'iβrijjô'ה = 'ibrijj-ât, מַלְכוּת regnum malĕxû-ה von מַלְכוּ malĕxû' = malakuvv[a].

§. 103. Die Suffixe, welche am Nomen die Genetiv-bedeutung des Personalpronomens darstellen, sind nur verkürzte Formen dieser Pronomina selbst. Ihre Gestalt am Nomen (die sich sehr wenig von der am Verbum unterscheidet) ist: 1. sg. *î* oder *j*, 2. sg. masc. *kā̊*, 2. sg. fem. *k*, 3. sg. masc. *-hû*, *-v*, 3. sg. fem. *hâ*, *h*, 1. pl. *-nû*, 2. pl. masc. *kém*, 2. pl. fem. *kén*, 3. pl. masc. *hém*, *m*, poet. *mô*, 3. pl. fem. *hén*, *n*. Vor ihnen hat sich nach §. 59 der alte Endvocal erhalten und treten daher auch die einsilbigen Stämme in ihrer ursprünglichen Gestalt hervor. Dieser Endvocal erscheint entweder als *a* (hebr. *ā*, *ā̄*, *ĕ*) oder *i* (hebr. *ē*), und hat den Ton, wofern er nicht verflüchtigt oder von dem Vocal des Suffixes absorbirt wird. War der Endvocal schon im ursemitischen mit dem vorhergehenden zu einem langen verschmolzen, so treten die Suffixe natürlich an diesen langen Vocal direct an; eine erst nach den hebräischen Lautgesetzen eingetretene Vocalisirung des Schlußconsonanten wird aber von den weit älteren Suffixformen ignorirt. Vgl. von der erstarrten Genetivform פִּי os *pi* die Suffixform פִּינוּ *pî-nû*; aber von פְּרִי *pĕrî* fructus = *parj*, nicht *pĕrînû*, sondern פִּרְיֵנוּ *pirjĕnû* = *parj-i-nû*. Doch findet sich vor *kém*, *hém* auch פְּרִיכֶם *pĕrî-χém*. — Am Plural und Dual beider Genera werden die Suffixe stets an die männliche Pluralendung *aj* (hebr. *aj*, *ā̊*, *ê*) angehängt, sodaß das Femininum vor Suffixen doppelte Pluralendung hat.

§. 104. Die Nomina mit Suffixen erscheinen also in folgender Gestalt: 1. sing. סוּסִי *sûs-î*, פִּי *pi* os meum = *pî-j[a]*, am Fem. סוּסָתִי *sûsā̄ðî* = *sûsa-t-î*, am Plur. סוּסַי *sûsáj* = *sûsa-j-j[a]*, vgl. §. 34, Fem. סוּסוֹתַי *sûsôðáj* = *sûs-ât-aj-j[a]*, am Dual. Fem. סוּסָתַי *sûsāðáj* = *sûsa-ta-j-j[a]*; 1. plur. פִּינוּ *pî́nû*, סוּסֵנוּ *sûsḗnû* = *sûs-i-nû*, am Fem. סוּסָתֵנוּ *sûsāðḗnû* = *sûsa-t-i-nû*, am Dual und Plur. סוּסֵינוּ *sûsḗnû* = *sûsa-j-nû*, am Plur. Fem. סוּסוֹתֵינוּ *sûsô-ðḗnû* = *sûsât-aj-nû*, am Dual Fem. סוּסָתֵינוּ *sûsāðḗnû* = *sûsa-ta-j-nû*; 2. sing. masc. פִּיךָ *pî-χa*, סוּסְךָ *sûsĕχā̊* (in Pausa סוּסָ֫ךְ *sûsā̊χā*) = *sûsa-ka*, am Plural סוּסֶיךָ *sûsā̊χā* = *sûsa-j-ka*, 2. sing. fem פִּיךְ *pî-χ*, סוּסֵךְ *sûséχ* = *sûs-i-k*, am Plur. סוּסַיִךְ *sûsáj(i)χ* = *sûsa-j-k*; 2. plur. masc. פִּיכֶם *pî-χém*, סוּסְכֶם *sûsĕ̆χém* = *sûsa-kum*, mit vollem Endvocal nur עִמָּכֶם '*immā-χém* vobiscum, am Plur. סוּסֵיכֶם *sûsêχém* = *sûsa-j-kum*; 2. plur. fem. פִּיכֶן *pîχén*, סוּסְכֶן *sûsĕ̆-χén*, am Plur. סוּסֵיכֶן *sûsêχén*; 3. sg. masc. פִּיהוּ *pî-hú* oder פִּיו *pîv* = *pî-v[a]*, סוּסוֹ *sûsố* = *sûsa-hû* (poet. mit der Genetivendung סוּסֵהוּ *sûsêhû* = *sûs-i-hû*), am Plur. poet. סוּסֵיהוּ *sûsếhû* = *sûsa-j-hû*, gewöhnlich סוּסָיו, auch סוּסָו geschrieben, nach der Punctation *sûsā́v* zu sprechen, jedenfalls aus *sûsaj-hú* entstanden; 3. sing. fem. פִּיהָ *pî-hấ*, סוּסָהּ *sûsā́hâ* = *sûsa-hâ* oder apocopirt סוּסָהּ *sûsā́-h*, am Plur. סוּסֶיהָ *sûsā̃-hâ* = *sûsa-j-hâ*; 3. plur. masc. פִּיהֶם *pî-hém*, סוּסָם *sûsā́m* = *sûsa-m* = *sûsa-hem* = *sûsa-hum*, poet. auch סוּסָמוֹ *sûsā-mố*, am Plur. סוּסֵיהֶם *sûsêhém* = *sûsa-j-hum*, poet. auch סוּסֵימוֹ *sûsế mô* = *sûsê-hemố*; 3. plur. fem. פִּיהֶן *pî-hén*, סוּסָן *sûsắn* = *sûsa-hun*, am Plur. סוּסֵיהֶן *sûsê-hén* = *sûsa-j-hun*.

§. 105. Die Vocale vor Suffixen verändern sich ganz nach den allgemeinen Lautgesetzen. Man steigere also immer die Vortonsilbe, verflüchtige die weiter vom Ton entfernten Silben, und lasse offnen Silben, die vor einer Silbe mit Halbvocal stehen, ihren kurzen Vocal. Eine Ausnahme von letzterer Regel bildet nur das Suffix *ka*, vor welchem *a* in der antepenultima gesteigert wird, vgl. דְּבָרְךָ *dĕ̆βārĕ̆χā́* = *dabara-ka* neben דְּבַרְכֶם *dĕ̆βarĕ̆χém* = *dabara-kum*, aber regelmäßig אֹיִבְךָ '*ôjiβĕ̆χā́* = '*ájibaka* von אֹיֵב '*ôjếβ* hostis = '*ájiba*, שִׁמְךָ *šimĕ̆χā́* = *šima-ka* von שֵׁם *šem* nomen = *šima*, יֹצֶרְךָ *jôçerĕ̆χā́* plasmator tuus = *jâçira-ka*, אֹהַבְךָ '*ôhaβĕ̆χā́* amator tuus = '*áhiba-ka* (wegen des Gutturals), קָטָלְךָ *qĕ̆tolĕ̆χā́* = *qtula-ka* von קְטֹל *qĕ̆tōl* = *qtula* = *qutla*. — Verflüchtigung der Vortonsilbe findet sich oft bei *i*, besonders in Participien, vgl. שְׁמִי nomen meum *šĕ̆mî* = *šim-î* von שֵׁם *šem* = *šim*, קוֹטְלִי *qôtĕ̆lî* = *qâtil-î* von קוֹטֵל *qôtēl* = *qâtila*, מוֹעֲדִי *môʿădî* congregatio mea = *ma-v́id-î* von מוֹעֵד *môʿēd*. Sehr selten ist dagegen die Steigerung des in antepenultima stehenden *i* der Form *qatila*, z. B. חֲצֵרוֹתַי *ḥăçērôðáj* atria mea neben חַצְרוֹתַי *ḥaçĕrôðáj = ḥaçirât-aj-[ja]*.

§. 106. Die auf *aj* endigenden Stämme verlieren diesen Auslaut wie vor allen Endungen, so auch vor den Suffixen. Vgl. חוֹזֶה *hôzǟ* propheta = *ḥâza[ja-m]*, stat. cstr. חוֹזֵה *hôzê = ḥâzaj[a]*, mit Suffixen חוֹזִי *hôzî̄ = ḥâz[aj]-î*, חוֹזְךָ *hôzĕχä́ = ḥâz[aj]a-ka*, חוֹזֵךְ *hôzḗχ = ḥâz[aj]-i-k*, חוֹזֵהוּ *hôzêhû = ḥâz[aj]-i-hû*, חוֹזָהּ *hôzåh = ḥâz[aj]a-h*, חוֹזֵנוּ *hôzênû = ḥâz[aj]-i-nû*, חוֹזְכֶם *hôzĕχém = ḥâz[aj]a-kum*, חוֹזָם *hôzåm = ḥâz[aj]a-hum*. Einigemal finden sich jedoch auch die unverkürzten Formen, die dann natürlich dieselben Lauterscheinungen zeigen, wie Plurale mit Suffixen, besonders häufig vor *kém, hém*, z. B. חוֹזֵיכֶם *hôzê-χém = ḥâzaj-kum*, חוֹזֵיהֶם *hôzêhém = ḥâzaj-hum*. Das Femininum hat חוֹזָה *hôzå̄ = ḥâz[aj]a-t*, stat. cstr. חוֹזַת *hôzàð*, mit Suffixen חוֹזָתִי *hôzåðî̄*, חוֹזָתְךָ *hôzåðĕχä́ = ḥâz[aj]a-t-î, ḥâz[aj]a-ta-ka* u. s. w., Plural חוֹזִים *hôzî̄m = ḥâz[aj]-îm*, stat. cstr. חוֹזֵי *hôzê = ḥâz[aj]a-j*, mit Suffixen חוֹזַי *hôzáj = ḥâz[aj]a-j-[ja]*, חוֹזֶיךָ *hôzǟχā = ḥâz[aj]a-j-ka* u. s. w., Fem. Plur. חוֹזוֹת *hôzôð = ḥâz[aj]-âṯ*, mit Suffixen חוֹזוֹתַי *hôzôðáj = ḥâz[aj]-âta-j-[ja]*, חוֹזוֹתֶיךָ *hôzôðǟχā = ḥâz[aj]-âta-j-ka* u. s. w.

§. 107. Einige zum Theil schon berührte, ungewöhnliche Declinationsformen stellen wir hier der Uebersichtlichkeit wegen zusammen. Der einsilbige Stamm רֹאשׁ *rôš* caput = *ra'ša* hat im Plural רָאשִׁים *râšî̄m = ra'ašim*, während die ähnlich gebildeten Stämme צֹאן *çôn* armentum = *ça'na* und בְּאֵר cisterna *bô'r = ba'ra* unveränderlich sind. Ebenso hat עִיר *'îr* urbs = *'ijra* im Plur. עָרִים *'ārî̄m = 'ăjārim*, stat. cstr. עָרֵי *'ārê*, חַיִל *ḥaj(i)l* virtus = *ḥajla* im Plur. חֲיָלִים *ḥăjālî̄m* und שׁוֹר *šôr* taurus = *šavra* im Plur. שְׁוָרִים *šĕvārî̄m*, während sonst solche Formen unveränderlich sind und ihren Plural nicht von einem zweisilbigen Stamme bilden. Die Plurale כֵּלִים *kēlī̆m*, st. cstr. כְּלֵי *kĕlê* von כְּלִי *kĕli* vas = *kalja*, und יָמִים *jāmī̆m*, st. cstr. יְמֵי *jĕmê* von יוֹם *jôm* dies = *javma* beruhen offenbar auf einem von dem des Singulars abweichenden Thema. Der Plural בָּתִּים *bottī̆m* von בַּיִת *baj(i)t* domus = *bajta* ist dunkel und beruht vielleicht nur auf falscher Punctation. Das Wort אִישׁ *'iš* vir = *'inš*, *'anš* hat im Plural regelmäßig אֲנָשִׁים *'ănāšī̆m*, st. cstr. אַנְשֵׁי *'anĕšê* = *'anaša-j*. Dessen Femininum אִשָּׁה *'iššā* = *'inša-ta*, st. cstr. אֵשֶׁת *'ēš(e)t* = *'iš-t* = *'išt* = *'inš-ta*, mit Suffixen אִשְׁתּוֹ *'ištó* = *'iš-ta-hû*, אִשְׁתְּךָ *'ĕstĕχā* = *'išta-ka*, unterscheidet sich im Plur. nur dadurch vom Masc., daß es mit Apocope von *'ă* נָשִׁים *nāšī̆m* lautet. Die verkürzte Form בֵּן *bēn* filius, st. cstr. בֶּן־ *ben* oder בִּן־ *bin*, mit Suff. בְּנוֹ *bĕnó*, בִּנְךָ *binĕχā* zeigt ein *a* im Plural בָּנִים *bānī̆m*, stat. cstr. בְּנֵי *bĕnê*, ebenso im Femin. בַּת *bat* = *ban-t*, mit Suff. בִּתּוֹ *bittó*, Plur. בָּנוֹת *bānôt*, st. cstr. בְּנוֹת *bĕnôt*. Die Worte אָב *'āβ* pater, אָח *'āḥ* frater, חָם *ḥām* socer, פֶּה *pā̆* os haben in der bestimmten Form (also im st. cstr. und vor Suffixen) nach §. 37 ein auslautendes *î*, in welchem ihr ursprünglicher dritter Stammconsonant *j* enthalten ist, also im st. cstr. אֲבִי *'ăβi*, אֲחִי *'ăḥi*, חֲמִי *ḥămi*, פִּי *pi*. Als Plurale erscheinen אָבוֹת *'āβôt* patres und אַחִים *'aḥī̆m*, letzteres mit implicirter, aber wahrscheinlich nur euphonischer Verdoppelung, die auch vor den Suffixen bleibt (vgl. אַחֶיךָ *'aḥǣχā*, אָחִיו *'āḥā[j]v* nach §. 29), aber im st. cstr. אֲחֵי *'ăḥê* vermißt wird. Als Feminina kommen vor חֲמוֹת *ḥămôt* socrus und אָחוֹת *'āḥôt* soror = *'aḥaja-t*, Plur. אֲחָיוֹת *'ăḥājôt*. Ein *h* erscheint als dritter Stammconsonant in dem Plur. אֲמָהוֹת *'ămāhôt*, st. cstr. אַמְהוֹת *'amĕhôt* von אָמָה *'āmā* ancilla.

§. 108. Die hebräischen Zahlwörter sind: 1 אֶחָד *'āḥăd* = *'aḥḥad* nach §. 29 = *'aḥada* mit implicirtem euphonischem Dagesch, st. cstr. אַחַד *'aḥad*, fem. אַחַת *'aḥat* =

ʼaḥad-t; 2 שְׁנַיִם šĕnáj(i)m, fem. שְׁתַּיִם štaj(i)m. Die Zahlen 3—10 haben die Eigenthümlichkeit, daß ihr Masculinum meist mit dem Femininum des Gezählten und umgekehrt verbunden wird. Im stat. cstr. des Femininums zeigen sie meist die Form, welche den stammauslautenden Vocal vor dem *t* der Endung ausstößt. Also 3 שָׁלוֹשׁ šālốš, st. cstr. שְׁלֹשׁ šĕlốš, fem. שְׁלֹשָׁה šĕlôšā́, st. cstr. שְׁלֹשֶׁת šĕlốš(e)ṯ = šalúš-t (§. 40), 4 אַרְבַּע ʼárbaʻ, fem. אַרְבָּעָה ʼarbāʻā́, st. cstr. אַרְבַּעַת ʼarbáʻ(a)ṯ, 5 חָמֵשׁ ḥā́mēš, fem. חֲמִשָּׁה ḥămiššā́, st. cstr. חֲמֵשֶׁת ḥămḗš(e)ṯ, 6 שֵׁשׁ šēš, fem. שִׁשָּׁה šiššā́, stat. cstr. שֵׁשֶׁת šḗš(e)ṯ = šiš-t, 7 שֶׁבַע šä́ḇ(a)ʻ, st. cstr. שְׁבַע š(ĕ́)ḇaʻ, fem. שִׁבְעָה šiḇʻā́, st. cst. שִׁבְעַת šiḇʻaṯ, 8 שְׁמֹנֶה šĕmōnā̀, fem. שְׁמֹנָה šĕmōnā́, st. cstr. שְׁמֹנַת šĕmōnáṯ, 9 תֵּשַׁע tḗš(a)ʻ, st. cstr. תְּשַׁע t(ĕ́)šaʻ, fem. תִּשְׁעָה tišʻā́, st. cstr. תִּשְׁעַת tišʻáṯ, 10 עֶשֶׂר ʻä́ś(e)r, fem. עֲשָׂרָה ʻăśārā́, st. cstr. עֲשֶׂרֶת ʻăśär(e)ṯ. Die Zahlen 11—19 werden durch Vorsetzung der Einer vor עָשָׂר ʻāśār, fem. עֶשְׂרֵה ʻesrḗ gebildet; 11 wird außer durch אַחַד עָשָׂר ʼaḥáḏ ʻāśā́r, fem. אַחַת עֶשְׂרֵה ʼaḥáṯ ʻesrḗ auch noch durch עַשְׁתֵּי עָשָׂר ʻaštḗ ʻāśā́r, fem. עַשְׁתֵּי עֶשְׂרֵה ʻaštḗ ʻesrḗ ausgedrückt. Für 12 sagt man sowohl שְׁנֵים עָשָׂר šĕnḗm ʻāśār, fem. שְׁתֵּים עֶשְׂרֵה štḗm ʻesrḗ, als auch שְׁנֵי עָשָׂר šĕnḗ ʻāśār, fem. שְׁתֵּי עֶשְׂרֵה štḗ ʻesrḗ. Die Zahl 13 steht vor Masculinis in der Form שְׁלֹשָׁה עָשָׂר šĕlôšā́ ʻāśār, vor Femininis in der Form שְׁלֹשׁ עֶשְׂרֵה šĕlôš ʻesrḗ; nach derselben Analogie richten sich die folgenden bis 19. Die Zehner werden durch den Plural der Einer bezeichnet, ausgenommen 20, für welches der Plural von 10 verwendet wird. In diesem Falle bilden die einsilbigen Stämme einen regelmäßigen, nicht zweisilbigen Plural. Also 20 עֶשְׂרִים ʻesrī́m, 30 שְׁלֹשִׁים šĕlōšī́m, 40 אַרְבָּעִים ʼarbāʻī́m, 50 חֲמִשִּׁים ḥămiššī́m, 60 שִׁשִּׁים šiššī́m, 70 שִׁבְעִים šiḇʻī́m, 80 שְׁמֹנִים šĕmōnī́m, 90 תִּשְׁעִים tišʻī́m, 100 מֵאָה mēʼā́, st. cstr. מְאַת mĕʼaṯ, 200 מָאתַיִם māʼā́ṯaj(i)m = mĕʼăṯaj(i)m, 300 שְׁלֹשׁ מֵאוֹת šĕlốš(e)ṯ mēʼốṯ, vor Femin. שְׁלֹשׁ מֵאוֹת šĕlốš mēʼốṯ u. s. w., 1000 אֶלֶף ʼä́l(e)p̄,

2000 אַלְפַּיִם *'alpáj(i)m*, 3000 שְׁלֹשֶׁת אֲלָפִים *šĕlōš(e)ṯ 'ălāᵉ̌i"m* u. ſ. w., 10000 רְבָבָה *rĕḇāḇắ*, ſpäter רִבּוֹא *ribbô'*, רִבּוֹת *ribbô'ṯ*, 20000 רִבּוֹתַיִם *ribbô'ṯáj(i)m*.

§. 109. Die Ordinalzahlen werden (außer רִאשׁוֹן *rîšố'n* primus = *rĕ'išôn*) durch Auffügung des Affixes *î* auf folgende Weiſe gebildet: שֵׁנִי *šēnî'* secundus, שְׁלִישִׁי *šĕlîšî'* tertius, רְבִיעִי *rĕḇî'î'* quartus, חֲמִשִּׁי *ḥămiššî'* oder חֲמִישִׁי *ḥămîšî'* quintus, שִׁשִּׁי *šiššî'* sextus, שְׁבִיעִי *šĕḇî'î'* septimus, שְׁמִינִי *šĕmînî'* octavus, תְּשִׁיעִי *tĕšî'î'* nonus, עֲשִׂירִי *'ăśîrî'*. Die Femininformen endigen meiſt auf *-i'ṯ*, ſeltner auf *-ijjā̆*, und bezeichnen auch den Theil, z. B. חֲמִשִׁית *ḥămiššî'ṯ* quinta pars, was jedoch auch durch חֹמֶשׁ *ḥōm(e)š* ausgedrückt werden kann. — Der Dual des Femininums gibt dem Zahlwort die Bedeutung =fach, =fältig, z. B. שִׁבְעָתַיִם *šiḇ'āṯáj(i)m* septies.

---

3) Conjugation.

§. 110. Das Perfectum der einfachen Form (Kal) geht, wie ſchon bemerkt, von dem Thema *qatala* aus, neben welchem für das Intranſitivum auch *qatila* und *qatula* vorkommen. Das Femininum und der Plural der dritten Perſon werden vermittelſt derſelben Affixe gebildet, die im Nomen erſcheinen, während die zweite und erſte Perſon durch Anfügung der betreffenden Perſonalpronomina an das Ende des Stammes mit vorhergehender Abwerfung des ſtammauslautenden Vocals zu Stande kommen. So erhalten wir 3. sing. masc. קָטַל *qāṭál* interfecit = *qatala*, vgl. vor Suffixen קְטָלַנִי *qĕṭālá-ni* = *qatala-ní*; 3. sing. fem. קָטְלָה *qāṭĕlā́* nach §. 43 = *qatala-t*, welche Form ſchon im urſemitiſchen den Vocal des Femininaffixes verloren hatte und auf den Conſonant *t* endigte, vgl. mit Suff. קְטָלַתְהוּ *qĕṭālátthû* = *qatalathû*; 3. plur. ohne Genusunterſchied קָטְלוּ *qāṭĕlû́* = *qatal-û*

= qaṭal[a]-u-u, sehr selten mit dem aus *m* entstandenen Statusaffix *n*, wie קָטְלוּן qāṭĕlûn = qaṭal[a]-u-u-ma. In der 2. Person finden wir sing. masc. קָטַלְתָּ qāṭáltā = qaṭal-ta, fem. קָטַלְתְּ qāṭált = qaṭal-t (selten קָטַלְתִּי qāṭáltî = qaṭal-tî, welche Form aber stets vor Suffixen erscheint, z. B. קְטַלְתִּינִי qĕṭaltî-nî = qaṭaltî-nî), plur. masc. קְטַלְתֶּם qĕṭaltém = qaṭal-tum und fem. קְטַלְתֶּן qĕṭaltén = qaṭal-tun; alle diese Endungen sind deutlich nichts anderes als die betreffenden Personalpronomina. Vor Suffixen hat sich die Pluralendung der zweiten Person in der alterthümlicheren Form -tû (ohne Statusaffix, aber mit langem aus der Verdoppelung des Casusaffixes hervorgegangenem Vocal) erhalten, vgl. קְטַלְתּוּנִי qĕṭaltûnî = qaṭal-t-u-u-nî. Die erste Person hat קָטַלְתִּי qāṭáltî = qaṭal-tî (wahrscheinlich aus qaṭal-kî entstanden), Plur. קָטַלְנוּ qāṭálnû = qaṭal-nû. — Das Perfect des Intransitivums, wie כָּבֵד kāḇḗḏ = kabida gravis est hat in ursprünglich geschlossenen Silben fast immer *a* statt *i*, und unterscheidet sich daher von קָטַל nur in Pausa der 3. fem. und plur., wo nach §. 21 die Penultima gesteigert wird. Vgl. כָּבְדוּ kāḇĕḏû', aber in Pausa כָּבֵדוּ kāḇḗḏû, im Transitivum קָטְלוּ qāṭálû. — Dagegen bewahrt die andere intransitive Form mit *u*, wie קָטֹן qāṭṓn parvus est, stets diesen Vocal, z. B. 1. sing. קָטֹנְתִּי qāṭṓntî, 2. pl. masc. קְטָנְתֶּם qĕṭontém, 3. pl. קָטְנוּ qāṭĕnû', in Pausa קָטֹנוּ qāṭṓnû.

§. 111. Um das Perfectum an ein vorhergegangenes Futurum oder Imperativ anzuschließen und ihm eine diesen analoge Bedeutung zu geben, wird ihm וְ *vĕ* vorgesetzt und der Accent auf die Schlußsilbe verschoben. Diese Accentveränderung bewirkt aber keine anderen Lautverwandlungen, als die nach §. 46 unbedingt nothwendige, daß die tonlos gewordene Silbe statt des gesteigerten Vocals die ursprüngliche Kürze behalten muß, z. B. קָטֹנְתָּ qāṭṓntā parvus eras, וְקָטָנְתָּ vĕqaṭontā et parvus eris. Die Verschiebung des Accents unterbleibt nach §. 21 in Pausa und nach §. 18, wenn das folgende, engverbundene Wort mit einer Accentsilbe beginnt.

§. 112. Dem Infinitivus constr., Imperativ und Futurum liegt im regelmäßigen Transitivum die Form *qutla* (umgestellt *qtula*), im Intransitivum die Form *qatla* (umgestellt *qtala*) zu Grund. Die Form *qitla* ist nur auf einige unregelmäßige Stämme beschränkt. So entsteht der Infinitiv קְטֹל *q(ĕ)ṭól = qtul[a] = qutla*. Der Hilfslaut hat sich hier so festgesetzt, daß er selbst da steht, wo er entbehrlich wäre, z. B. in בִּנְפֹל *bi-nĕφól* in cadendo; nur nach vorgesetztem *li*, was schon frühe mit dem Infinitiv zu einer Art Gerundium verschmolz, hat er nicht Eingang finden können, vgl. לִנְפֹּל *li-npól* cadendo. Sogar wenn der Vocal hinter dem ersten Consonanten steht (was vor vocalisch anlautenden Affixen der Fall ist), wird noch ein Halbvocal hinter den zweiten Consonanten eingeschaltet, weil man sich gewöhnt hatte, die Form als eine zweisilbige anzusehen, vgl. fem. קָרְבָה *qor(ĕ)βá* appropinquare = *qurba-ta*, mit Suffixen קָטְלוֹ *qoṭ(ĕ)ló' = qutla-hû*. Die Form mit *a* statt *u* kommt selbst im intransitiven Verbum sehr selten vor, in welchem Falle dann *a* nach den Lautgesetzen zu *i, e* werden kann. Z. B. שְׁכַב *š(ĕ)χaβ* jacere = *škaba, šakba*, im Femin. אַהֲבָה *'ah(ă)βá* amare = *'ahba-ta*, שְׂנְאָה *sin(ĕ)'á* odisse, חֶמְלָה *ḥem(ĕ)lá* parcere.

§. 113. Der Imperativ, welcher schon im ursemitischen seinen Endvocal verloren hatte (obgleich die hebräischen Formen mit Suffixen einen Endvocal *i = u*, wie im Futur., voraussetzen), lautet ebenfalls קְטֹל *q(ĕ)ṭól = qtul, qutl*. Die Intransitiva haben in der Regel *a* als Stammvocal, z. B. כְּבַד *k(ĕ)βáδ = kbad, kabd*. Das Femininum wird durch Anhängung von *ī'* (vgl. §. 114), der plur. masc. durch *ū'* (§. 110) und der plur. fem. durch *nā* (§. 114) gebildet. Vor den vocalisch anlautenden Endungen bleibt die ursprüngliche Vocalstellung *qutl*, welche aber alsdann einen unberechtigten Halbvocal hinter den zweiten Consonanten einschiebt und

das *u* meist zu *i* verdünnt, selten in der Gestalt von *o* bei=
behält, wie in מָלְכוּ *mol(ĕ)χû regnate = mulk-û*. So ent=
stehen die Formen 2. fem. קָטְלִי *qit(ĕ)lí = qutl-î*, 2. pl. masc.
קִטְלוּ *qit(ĕ)lû = qutl-û*, 2. plur. fem. קְטֹלְנָה *q(ĕ)tólnā =
qtul-na*, vom Intransitivum כְּבַדְנָה *k(ĕ)βádnā = kbad-na*.

§. 114. Das Futurum wird gebildet, indem man dem
einsilbigen Stamme die Affixe des Casus, Status und Genus
anhängt, sowie die Personalpronomina, mitunter auch das fe=
minine *ta* vorsetzt. Das Thema erscheint entweder ohne En=
dung, d. h. als Accusativ, in der Form *qtula*, oder mit der
Nominativendung *qtul-u*, oder mit dem indefiniten Affix *qtu-
la-m, qtula-n*, oder endlich mit Abwerfung des Endvocals
qtul. Die Form *qtul* liegt dem Jussiv und dem Futurum
mit Vav consecutivum zu Grund, die Form *qtulan* dem Co=
hortativ und zuweilen vor Suffixen, während die Formen *qtula*
und *qtul-u*, da sie nach dem hebräischen Auslautsgesetz ihren End=
vocal verlieren, nicht mehr zu unterscheiden sind und nur so
viel feststeht, daß vor fast allen Suffixen die Form *qtulu*,
jedoch mit Umlautung ihres *u* zu *i*, erscheint. Die 3. sing.
masc. יִקְטֹל *jiqtṓl = ja-qtul-u* ist jedenfalls durch Vorsetzung
der Pronominalwurzel der dritten Person *ja = va* entstanden,
desgleichen die 3. sing. fem. תִּקְטֹל *tiqtṓl = ta-qtul-u* durch
Vorsetzung des femininen *ta*, welches hier nicht nachgesetzt
werden durfte, um das Futurum von dem Perfect zu unter=
scheiden. Die 3. plur. masc. יִקְטְלוּ *jiqtĕlû' = ja-qtul-u-u*
bezeichnet den Plural, wie im Nomen und im Perfect, durch
doppelte Setzung des Nominativaffixes, an welches zuweilen
noch das indefinite Affix *n = m* antritt, vgl. יִדְרְכוּן *jidrĕ-
χû'n tendent = ja-druk-u-u-na*. Die 3. pl. fem. תִּקְטֹלְנָה
tiqtṓlnā = ta-qtul-na ist sehr verstümmelt; sie steht zunächst
für *ta-qtul-â-na = ta-qtula-[t]a-[t]-u-ma*, eine Form, die
vielleicht noch durch die im Pentateuch häufige Schreibweise
תקטלן vorausgesetzt wird. Da das Genus hier schon in der
Endung bezeichnet ist, so kann die Vorsetzung des Femininprä=

fixes *ta* nur als Pleonasmus betrachtet werden und findet sich daher auch einigemal die Form יִקְטֹלְנָה *jiqṭŏlnā* = *ja-qtul-na*. — Die zweite Person setzt überall die Pronominalwurzel *ta* vor den Stamm, und hängt ihm im plur. masc. und fem. dieselben Endungen an, wie in der dritten Person; dem fem. sing. hängt sie dagegen als Genusaffix *î* (wohl = *hî*) an; so entstehen 2. sing. masc. תִּקְטֹל *tiqṭŏl* = *ta-qtul-u*, 2. sing. fem. תִּקְטְלִי *tiqṭĕlî* = *ta-qtul-î*, selten mit Anhängung des indefiniten Affixes תִּקְטְלִין *tiqṭĕlîn* = *ta-qtul-î-ma*, 2. plur. masc. תִּקְטְלוּ *tiqṭĕlû'* = *ta-qtul-u-u*, selten תִּקְטְלוּן *tiqṭĕlû'n* = *ta-qtul-u-u-ma*, 2. plur. fem. תִּקְטֹלְנָה *tiqṭŏlnā* = *ta-qtul-na*. — Die erste Person setzt die verkürzten Pronominal-stämme '*a* und *na* vor, 1. sing. אֶקְטֹל '*eqṭŏl* = '*iqṭŏl* = '*a-qtul-u*, 1. pl. נִקְטֹל *niqṭŏl* = *na-qtul-u*. — Die Intransi-tiva haben im Futurum den Vocal *a*, vgl. יִכְבַּד *jiχbád* = *ja-kbad-u*, יִקְטַן *jiqṭán* = *ja-qtan-u*.

§. 115. Der Cohortativ kommt fast nur an der ersten Person vor, also אֶקְטְלָה '*eqṭĕlā́* = '*a-qtula-m* agedum interficiam! נִקְטְלָה *niqṭĕlā́* = *na-qtula-m* interficiamus! Er findet sich auch am Imperativ, z. B. שָׁמְרָה *šom(ĕ)rā́* custodi = *šumra-m*, שִׁכְבָה *šiχĕβā́* jace = *šikba-m*, *šakba-m*. — Der Jussiv, welcher sich fast ausschließlich in der zweiten und dritten Person findet, beruht auf der Form *jaqṭul* ohne Endvocal und kann sich daher im Kal des regelmäßigen Verbums nach dem Abfall aller Endvocale im hebräischen nicht mehr äußerlich von der gewöhnlichen Form unterscheiden. Dieselbe Form liegt auch dem Futurum zu Grund, wenn es durch *va* mit Ver-doppelung des folgenden Consonanten an die Erzählung ver-gangener Ereignisse angeschlossen, selbst Perfectbedeutung er-hält. Der Accent soll alsdann auf die vorletzte Silbe zurück-gezogen werden, was aber unterbleibt, wenn die beiden letzten Silben geschlossen sind, also im Kal des ganzen regelmäßigen Verbums, z. B. וַיִּקְטֹל *vajjiqṭŏl* et interfecit = *va-ja-qtul*, וָאֶקְטֹל *vā 'eqṭól* et interfeci = *va 'a-qtul*.

§. 116. Von der zweisilbigen Grundform gehen aus der Infinitivus absol. קָטֹול *qāṭṓl* = *qatâla* und das active Participium Kal קוֹטֵל *qôtél* = *qâtila*, welches im Femininum entweder קוֹטְלָה *qôtelå* oder קוֹטֶלָה *qôtĕlå* = *qâtila-ta*, meist aber קוֹטֶלֶת *qôtāl(e)ṯ* = *qâtal-ta*, im Plur. קוֹטְלִים *qôtĕlî'm* = *qâtil-îm* hat. Die Intransitiva stimmen im activen Participium noch ganz mit dem Perfect überein. Vgl. יָשֵׁן *jāšén* dormiens = *jašina*, יָגֹר *jāgór* timens = *jagura*. — Der einzige Rest des Passivums von Kal ist das Particip קָטוּל *qāṭûl* occisus = *qatûla*.

§. 117. Durch vorgesetztes *na* (statt dessen *hin*, wenn der 1. Stammconsonant einen Vocal hat) entsteht die Conjugation Niphal, welche reflexive, reciproke, auch passive Bedeutung hat. Das Perfectum lautet נִקְטַל *niqṭál* = *na-qtala* und wird ganz wie im Kal flectiert, das Participium נִקְטָל *niqṭál*, Fem. נִקְטָלָה *niqṭālå* = *na-qtala-ta*, meist aber נִקְטֶלֶת *niqṭāl(e)ṯ* = *na-qtal-ta*, unterscheidet sich nur durch die im hebräischen eingetretene Steigerung des Stammvocals, wodurch sich gewöhnlich nominale Formen von den rein verbalen unterscheiden. Dem Infinitiv, Imperativ und Futur des Niphal liegt die Form, welche beide Stammvocale behält, also *hin* vorsetzen muß, zu Grund. So entsteht der Imperativ הִקָּטֵל *hiqqāṭél* = *hin-qatil*, plur. הִקָּטְלוּ *hiqqāṭĕlú* = *hin-qatil-û*, der Infinitivus cstr. (auch oft für den absol. dienend) הִקָּטֵל *hiqqāṭél* = *hin-qatila*, der Infinitivus absol. הִקָּטוֹל *hiqqāṭṓl* = *hin-qatâla*, neben welchem jedoch auch die nach der anderen Weise gebildete Form נִקְטֹל *niqṭṓl* = *na-qtâla* vorkommt. Vor den Präfixen des Futurs wird nach §. 35 der Hauchlaut elidirt; so entsteht das Futurum יִקָּטֵל *jiqqāṭél* = *jĕ-hin-qāṭél* = *ju-hin-qatila*, dessen Flexion ganz der des Fut. Kal. analog ist (auch 1. sing. אֶקָּטֵל *'eqqāṭél*). Die 2. und 3. plur. fem. hat תִּקָּטַלְנָה *tiqqāṭálnā* = *tu-hin-qatal-na*, fast nie תִּקָּטֵלְנָה *tiqqāṭélnā* = *tu-hin-qatil-na*. In Pausa lautet das Futurum meist יִקָּטָל *jiqqāṭál*, wenn der Accent durch vortretendes vav conversivum zurückgezogen wird, וַיִּקְטֵל *vajjiqqáṭel*. — Ein Passivum hat sich im Niphal nicht erhalten.

§. 118. Das durch Verdoppelung des zweiten Stammconsonanten gebildete, intensive, causative und denominative Bedeutung habende Piel hat im Perfect קִטֵּל *qittḗl* = *qittila*, jedoch fast ebenso häufig קִטַּל *qittál* = *qittala*; erstere Bildung zeigt sich stets, wo die zweite Silbe offen ist (z. B. קִטְּלוּ *qittĕlû'*, in Pausa קִטֵּלוּ *qittḗlû* = *qittilû*), letztere, wo sie geschlossen ist (z. B. קִטַּלְתָּ *qittál-tā*). Die drei Verba דִּבֶּר *dibbär* locutus est, כִּפֶּר *kippär* expiavit, כִּבֶּס *kibbäs* lavit steigern *a* zu Segol. — Der Imperativ hat קְטֹל *qaṭṭḗl* = *qattil*, fem. קִטְלִי *qaṭṭĕlî*, plur. קִטְלוּ *qaṭṭelû'*, fem. קְטֹלְנָה *qaṭṭḗlnā*. Der Infin. cstr. (auch für den absol. stehend) lautet gleichfalls קְטֹל *qaṭṭḗl* = *qattila*, der Infin. absol. קָטוֹל *qaṭṭôl* = *qattâla*, das Futurum יְקַטֵּל *jĕqattḗl* = *ju-qattila*, 2. u. 3. plur. fem. תְּקַטֵּלְנָה *tĕqattḗlnā*, das Particip מְקַטֵּל *mĕqattḗl* = *mu-qattila*, Femin. meist מְקַטֶּלֶת *mĕqaṭṭál(e)ṯ* = *mu-qattal-ta*.

§. 119. Das Passivum des Piel (Pual) hat im Perfect קֻטַּל *quttál* = *quttala*, im Infin. cstr. ebenso, im Infin. absol. קֻטּוֹל *quttô'l* = *quttâla*, im Futurum יְקֻטַּל *jĕquttal* = *ju-quttala*, im Particip מְקֻטָּל *mĕquttál* = *maquttala*. — Durch Vorsetzung von *hit* vor den Pielstamm entsteht die reflexive Conjugation Hithpael, Perf. הִתְקַטֵּל *hiṯqattḗl* = *hit-qattila* (auch, wie im Piel, הִתְקַטַּל *hiṯqattál*), Imperativ und Infinitiv ebenso, Futurum יִתְקַטֵּל *jiṯqattḗl* = *jĕ-hiṯqattḗl* = *ju-hit-qattila*, Particip מִתְקַטֵּל *miṯqattḗl* = *mĕ-hiṯqattḗl* = *mu-hit-qattila*. Ist der erste Stammconsonant ein Zischlaut, so treten die §. 25, ist er ein Dental, die §. 26, 4 erwähnten Lautgesetze ein. — Von einem Passivum dieses Reflexivs (Hothpaal) finden sich nur vereinzelte Ueberreste, z. B. הֻטַּמָּא *huṭṭammā'* contaminari = *hut-ṭamma'a*.

— Die verschiedenen, dem Piel analogen Formen, wie Poel, Poal, Hithpoal, Polel, Polal, Hithpolal, Pilpel u. s. w. sind bei den unregelmäßigen Verbis zu erwähnen.

§. 120. Durch vorgesetztes *ha* (im Perfect *hi*) entsteht die causative Conjugation **Hiphil**, welche in vielen Fällen ein stets betontes *î* als Stammvocal annimmt (§. 47, Anm.). So entsteht das Perfect הִקְטִיל *hiqtī́l = ha-qtîla, ha-qtala*, fem. הִקְטִילָה *hiqtī́lā = ha-qtîla-t*, aber weil nach §. 38 ursprünglich geschlossene Silben keinen langen Vocal haben können, so bleibt 2. sing. הִקְטַלְתָּ *hiqtálta = ha-qtal-ta*, Imperativ הַקְטֵל *haqtḗl = ha-qtil*, fem. הַקְטִילִי *haqtī́li*, pl. הַקְטִילוּ *haqtī́lû*, pl. fem. הַקְטֵלְנָה *haqtḗlnā*, Infin. cstr. הַקְטִיל *haqtī́l*, Infin. absol. הַקְטֵל *haqtḗl*, Futurum יַקְטִיל *jaqtī́l = jĕ-haqtîl = ju-ha-qtîla*, Jussivum nach §. 38 יַקְטֵל *jaqtḗl = ju-ha-qtil*, ebenso וַיַּקְטֵל *vaj-ja-qtḗl*, 2. sing. fem. תַּקְטִילִי *taqtī́li*, 2. u. 3. pl. fem. תַּקְטֵלְנָה *taqtḗlnā = tu-ha-qtil-na*, Particip מַקְטִיל *maqtī́l = mĕ-haqtîl = mu-ha-qtîla*, Femininum meist מַקְטֶלֶת *maqtā́l(e)ṯ = mu-ha-qtal-ta*.

§. 121. Das Passiv des Hiphils (**Hophal**) lautet im Perfect, Imperativ und Infin. cstr. הָקְטַל *hoqtál* oder הֻקְטַל *huqtál = hu-qtala*, im Infin. absol. הָקְטֵל *hoqtḗl = hu-qtila*, Futurum יָקְטַל *joqtál*, auch יֻקְטַל *juqtál = jĕ-huqtál = ju-hu-qtala*, Particip mit der üblichen nominalen Steigerung, meist מֻקְטָל *muqtā́l*, auch מָקְטָל *moqtā́l = mu-hu-qtala*.

§. 122. Die **Quadrilitera** pflegen nach der Analogie des Piel conjugirt zu werden, z. B. כִּרְסֵם *kirsḗm* depascebatur *= kirsima*, Futurum יְכַרְסֵם *jĕxarsḗm = ju-karsima*, part. pass. מְכָרְבָּל *mĕxurbā́l* praecinctus *= mu-kurbala*. Nach dem Hiphil richtet sich הִשְׂמְאִיל *hiśmī́l* sinistrorsum vertit *= hi-smĕ̆'il*. Die wenigen Fälle, in denen ein *ta* vor den Verbalstamm tritt, wie תִּרְגַּלְתִּי *tirgálti* ambulare feci

3*

= *ta-rgal-tî*, sind wohl auch als denominative Quadrilitera zu betrachten.

§. 123. Die sogenannten Unregelmäßigkeiten in der Conjugation beruhen nur auf den ursemitischen und hebräischen Lautgesetzen. Die Verba primae gutturalis müssen nach §. 54 im Imperativ und Infinitiv Kal statt des einfachen einen zusammengesetzten Halbvocal annehmen. Derselbe ist meist *ă*, jedoch nach Alef (sowie in den Wurzeln הוי esse, חיי vivere) *ĕ*, vgl. עֲמֹד '(*ă*)*mōd* sta = '*mud*, אֱסֹף '(*ĕ*)*sōφ* collige = '*sup*. Der aus ursprünglich *a* verflüchtigte Halbvocal in der 2. plur. perf. wird natürlich stets zu *ă*, z. B. אֲמַרְתֶּם '*ămartém* dixistis = '*amar-tum*. Im Futurum Kal bleibt nach §. 53 das ursprüngliche *a* des Präfixes, wenn in der nächsten Silbe nicht wieder ein *a* folgte; sonst (und vor Alef) trat der Dissimilation wegen *i* ein, was aber des Gutturals wegen wieder zu *e* zurückging. Das *i* bleibt unverändert nur in יִהְיֶה *jihjă̆* erit = *ji-hja[ja]* und יִחְיֶה *jihjă̆* vivet. Vgl. יַחְסֹר *jahsŏr* deficiet = *ja-hsura*, יֶחְכַּם *jehkă̆m* sapiet = *ji-hkama, ja-hkama*. In beiden Fällen wird hinter dem Guttural gern ein Halbvocal zur Erleichterung der Aussprache eingeschoben, der sich stets nach dem vorhergehenden Vocal richtet, s. §. 55. Vgl. יַעֲמֹד *ja'(ă)mōd* = *ja'muda*, יֶחֱזַק *jeh(ĕ)zăq* = *jehzaqa, ji-hzaqa*, יֶחֱזֶה *jeh(ĕ)ză̆* videbit = *jihza[ja]*. Der so entstandene Halbvocal muß nach §. 56, wenn in der nächsten Silbe wieder ein Halbvocal folgt, zu einem vollen kurzen Vocal werden, also יַעֲמְדוּ *ja'(a)mĕdû'* = *ja-'mud-û*, יֶחֱזְקוּ *jeh(e)zĕqû'* = *ji-hzaq-û*. Im Niphal und Hiphil haben die Präfixe in allen Formen *a*, wo sie im regelmäßigen Verbum *a* haben, und *e*, wo sie hier *i* haben; auch hier ist die Einschiebung eines Hilfslautes nach dem Guttural gestattet. Vgl. נֶהְפַּךְ *nehpáx* subvertebatur = *nihpaka*, נֶעֱמַד *ne'(ĕ)măd* = *ni-'mada*, 3. plur. nach §. 56 נֶעֱמְדוּ *ne'(e)mĕdû'*, הֶחְבִּיר *hehsĭr* = *hi-hzira*, הֶעֱמִיד *he'(ĕ)mĭd* = *hi-'mida*, יַחְסִיר *jahsĭr* = *ju-ha-hsira*, יַעֲמִיד *ja-*

ʽ(ă)mĭδ = ju-ha-ʽmîδa, Hophal הָעֳמַד hoʽ(ŏ)máδ = hu-ʽmaδa. Wo im Niphal der 1. Stammconsonant verdoppelt werden müßte, tritt natürlich §. 28 ein, z. B. יֵאָמֵר jēʼāmḗr = jiʼ-ʼamira = ju-hinʼ-ʼamira. — Der Halbvocal ĕ nebst dem ihm vorhergehenden e wird bei weiterem Wegrücken des Tones leicht zu ă, beziehungsweise a vereinfacht nach §. 57, z. B. יֶאְסֹר jeʼ-(ĕ)sŏr ligabit = jiʼ-ʼsura, 3. plur. יַאַסְרוּ jeʼ(e)sĕrû', mit Suff. יַאֲסָרֻהוּ jaʼ(a)sĕrû'hû, הֶעֱמַדְתָּ heʽ(ĕ)máδtā = hi-ʽmad-ta, mit vav consecutivum וְהַעֲמַדְתָּ vĕhaʽ(ă)maδtā.

§. 124. Fünf Verba primae alef elidiren im Futurum Kal ihren ersten Consonanten und erhalten dadurch ô = â. Als zweiten Vocal haben sie e (= i), vor Verbindungsaccenten a, bei Zurückziehung des Accents a oder e. Es sind dies אבד perire, אבי velle, אכל edere, אמר dicere, אפי coquere. Vgl. יֹאכֵל jôχḗl = jaʼ-(ă)χel = ja-ʼkila, aber וַיֹּאכַל vajjṓχāl, יֹאמֵר jômḗr, יֹאמַר jômár, וַיֹּאמֶר vajjṓmer. In der 1. sing. wird das Alef des ersten Stammconsonanten auch in der Schrift nicht ausgedrückt, vgl. אֹמַר ʼômár. Zu merken ist noch die Form לֵאמֹר lēmṓr dicendo = leʼ-(e)mōr. Einige Verba bilden ihr Futurum auf doppelte Weise, z. B. יֶאֱחֹז jeʼ-(ĕ)ḥṓz apprehendet neben יֹאחֵז jôḥḗz.

§. 125. Die Verba mediae gutturalis nehmen nach der Gutturale einen zusammengesetzten Halbvocal ă statt des einfachen an, z. B. שָׁחֲטוּ šāḥăṭû' = šaḥaṭû. Im Imperativ und Futurum Kal bewahren sie nach §. 63 den Stammvocal u, vgl. Imper. שְׁחַט š(ĕ)hat, fem. שַׁחֲטִי šah(ă)tî, Futurum יִשְׁחַט jishát. Dagegen hat der Infinitiv fast stets den Vocal u, vgl. שְׁחֹט š(ĕ)hōt. Im Piel, Pual und Hithpael hat r stets, ʼ gewöhnlich, ʽ h ḥ nie einen wegen Auslassung der Verdoppelung gesteigerten Vocal vor sich. Vgl. בֵּרֵךְ bērḗχ benedixit = birrika, מֵאֵן mēʼḗn denegavit = miʼʼina, נִאֵץ niʼḗç blasphemavit = niʼʼiça, שִׂחַק siḥáq risit = sih-haqa.

§. 126. Die Verba tertiae gutturalis nehmen nach §. 53 einen Hilfsvocal *a* zwischen einem ursprünglich langen Vocal und dem Guttural an, z. B. שָׁלוֹחַ *šālō'(a)ḥ* = *šalâha*, שָׁלוּחַ *šālû'(a)ḥ* = *šalûha*, הִשְׁלִיחַ *hišlî'(a)ḥ*. Dasselbe geschieht auch nach dem blos gesteigerten *ō* des Infin. cstr. kal, z. B. שְׁלֹחַ *š(ĕ)lō(a)ḥ* = *šluha*. Statt anderer ursprünglich kurzer Vocale hat sich dagegen vor dem Guttural meist das ursprüngliche *a* erhalten, und zwar im Imperativ und Futurum Kal stets, im Niphal, Piel und Hiphil mit *i* (hebr. *ē*) so abwechselnd, daß letzteres meist in Pausa steht. Vgl. שְׁלַח *š(ĕ)laḥ*, יִשְׁלַח *ji-šlaḥ*, שַׁלֵּחַ *šallḗ(a)ḥ* neben שַׁלַּח *šallấḥ*. Nur das Particip hat im stat. absol. immer *e*, vgl. שׁוֹלֵחַ *šōlḗ(a)ḥ*, st. cstr. שׁוֹלֵחַ *šōlắḥ*, מְשַׁלֵּחַ *mĕšallḗ(a)ḥ*, st. cstr. מְשַׁלַּח *mĕšallắḥ*. Die 2. fem. perf. schiebt nach §. 55, Anm. einen Hilfsvocal *a* zwischen die Schlußconsonanten ein, vgl. שָׁלַחַתְּ *šālắḥ(a)t*.

§. 127. Ist der dritte Stammconsonant ein Alef, so verliert dasselbe im Silbenauslaut nach §. 36 seine consonantische Geltung, die Silbe wird offen und muß daher gesteigert werden. Der so entstandene gesteigerte Vocal ist alsdann unveränderlich. So entsteht die 3. sing. perf. מָצָא *māçā* = *maça'[a]*, fem. מָצְאָה *māçĕ'ā* = *maça'a-t*, 2. sing. מָצָאתָ *māçắ-ṯā* = *maça'-ta*, im Intransitivum יָרֵא *jārḗ* = *jarī'a*, Infinitiv מְצֹא *m(ĕ)çō*. Das Futur. und Imperat. hat stets den Vocal *a*, z. B. מְצָא *m(ĕ)çā*, Futur. יִמְצָא *ji-mçā́*, mit vav consecut. וַיִּמְצָא *vaj-ji-mçā*, 2. u. 3. pl. fem. תִּמְצֶאנָה *ti-mçắ-nā* (vgl. §. 33, Anm. 2). Das Piel hat stets als zweiten Vocal *i* (hebr. *e*), z. B. טִמֵּא *ṭimmḗ* = *ṭimmi'a*, טִמֵּאתָ *ṭimmḗ-ṯā* = *ṭimmi'-ta*.

§. 128. Die Verba primae nun assimilieren ihr *n* einem folgenden Consonant, ausgenommen, wenn derselbe ein Guttural ist. Vgl. יִפֹּל *jippōl* = *ji-npōl*, יִגַּשׁ *jiggáš* = *ji-ngaš*, נִגַּשׁ *niggáš* = *ni-ngaš*, הִגִּישׁ *higgî'š* = *hi-ngîš*, הֻגַּשׁ *huggáš* = *hu-ngaš*. Der Infin. cstr. und Imperativ Kal wirft meist das *n* ab; er hat alsdann den Vocal *a*. Der Infinitiv erscheint meist mit der Femininendung *t*. Vgl. imp. גַּשׁ *gaš* = *ngaš*, infin. גֶּשֶׁת *gā̆š(e)θ* = *ngaš-ta*, גַּעַת *ga‘(a)θ* = *nga‘-ta*. Das *l* der Wurzel לקח wird ebenso behandelt, fut. יִקַּח *jiqqaḥ* = *ji-lqaḥ*, imper. קַח *qaḥ* = *lqaḥ*, infin. קַחַת *qaḥ(a)θ* = *lqaḥ-t*. Die Wurzel נתן hat in der 2. perf. נָתַתָּ *nāθát-tā* = *natan-ta*, fut. יִתֵּן *jittēn* = *ji-ntin*, imp. תֵּן *tēn* = *ntin*, inf. תֵּת *tēθ* = *tit-t* = *tin-t* = *ntin-t*.

§. 129. Die Unregelmäßigkeiten der Verba mediae geminatae beruhen auf der Neigung der Sprache, zwei identische Consonanten zu einem Doppelconsonanten zusammenzubringen. Während daher Stämme mit einem Vocal diesen so stellen, daß die identischen Consonanten nicht durch ihn getrennt werden (also *sabb*, *sibb*, *subb*, nicht *sbab*, *sbib*, *sbub*), verlieren die Stämme mit zwei Vocalen den zweiten, damit die identischen Consonanten zusammenfallen können (also *sabb* statt *sabab*). So entsteht 3. sing. perf. סַב *saḇ* = *sabba*, *sababa*, fem. סָבָּה *sábbā* = *sababa-t*, plur. סַבּוּ *sábbû* (doch auch *sabbû′*) = *sabab-û*. Vor consonantisch anlautenden Endungen findet sich ein (außer in der 2. plur.) betontes *ô*, welches wahrscheinlich durch Dehnung aus dem, in diesen Formen erhaltenen stammauslautenden Vocal entstanden ist. Z. B. סַבּוֹתָ *sabbô′θā* = *sabbâta* = *sabbata* = *sababa-ta*, סַבּוֹתֶם *sabbôθém*. Im Imperativ, Infinitiv und Futurum bleibt der Stammvocal hinter dem ersten Consonanten, also infin. cstr. סֹב *sōḇ* = *subb[a]*, imper. סֹב *sōḇ* = *subb*, fem. סֹבִּי *sṓḇī* oder *sōḇī″*, plur. סֹבּוּ *sṓḇû*, plur. fem. סֻבֶּינָה *subbắnā*, wie im Futurum. Jedoch findet sich im Futurum neben der auf diese Weise gebildeten Form יָסֹב *jāsóḇ* = *ja-subba*, תְּסֻבִּי *ta-sóbbî* = *ta-subb-î*, 2. u. 3. plur. fem. תְּסֻבֶּינָה *t̆subbắna**),

---

*) Daß dieser sogenannte Bindevocal im Perfect *ô* = *â*, im Futur (und Imperativ) aber *ă* (= *ai*) lautet, beruht wohl auf dem Einfluß

mit vav consecut. וַיָּסָב *vajjăsoβ* = *ja-subb*, noch eine an=
dere, in welcher der Vocal ursprünglich hinter dem zweiten
Consonanten stand, vgl. יֹסֹב *jissóβ* = *ja-sbuba*, תְּסָבִּי *tissĕ̆βî*
= *ta-sbub-î*, 2. u. 3. plur. fem. תְּסֻבֶּינָה *tissóβnā* = *ta-
sbub-na*. Die Intransitiva haben auch hier *a* im Infinitiv,
Imperativ und Futur, vor welchen der Dissimilation wegen
das Präfix *ja* zu *ji* wird, wie im regelmäßigen Verbum.
Vgl. מַר *mar* = *marr*, fut. יֵמַר *jēmár* = *ji-marra*, nach
der anderen Bildung יִדַּל *jiddál* = *ji-dlala*. Regelmäßig
sind der Infin. absol. סָבוֹב *saβṓβ* und die Participien סוֹבֵב
sóβéβ und סָבוּב *saβû'β*.

§. 130. Im Niphal werden durchgängig die identischen
Consonanten zusammengebracht; das Präfix *na* bewahrt seinen
ursprünglichen Vocal. Also 3. sing. perf. נָסַב *nāsáβ* = *nasabba*, fem. נָסַבָּה *nāsábbā* = *na-sabba-t*, 2. sing.
נְסַבּוֹתָ *nĕsabbṓ'ðā*, 2. plur. נְסַבּוֹתֶם *nĕsabbṓðém*, Particip נָסָב *nāsáβ* = *nasabba*, fem. נְסַבָּה *nĕsabbắ*, Imper. הִסַּב *hissáβ* =
hin-sabb, Infin. הִסֵּב *hisséβ* = *hin-sibba*, Futurum יִסַּב *jis-
sáβ* = *jin-sab* = *ju-hin-sabba*, 2. fem. sing. תִּסַּבִּי *tissábbî*,
2. u. 3. plur. fem. תִּסַּבֶּינָה *tissabbắnā*. Das Perfect und
Particip sind dem regelmäßigen Kal so ähnlich geworden, daß
sie aus Irrthum der Analogie zuweilen *i* oder *u* statt *a* als
zweiten Vocal annehmen, vgl. Perf. נָקֵל *nāqél* neben נָקַל
nāqál = *na-qalla*, נָגֹל *nāγól* = *na-gulla*, Part. נָמֵס *nā-
més* = *na-missa*. Die Formen mit *ô* im Imperativ und Fu=
tur sind wohl durch die Analogie der Stämme mediae vav
veranlaßt, im Infinitiv könnten sie die charakteristische Bildung
des Infin. absol. sein, vgl. הִבּוֹז *hibbôz* = *hin-bâzz*.

§. 131. Das Hiphil hat hier wegen §. 38 nirgends ein *î*,
sondern meist *i*, zuweilen *a*. Vgl. Perf. הֵסֵב *hēséβ* = *hi-sibba*,

---

der Nominativendung, welche an das Futurum, nicht an das Perfect,
antritt und im hebräischen zu *i* wird; also *tĕsubbắnā* = *ta-subba-
[-ta-t-]ji-ma*.

fem. הֲסֻבָּה *hēsébbā = hi-sibba-t*, auch הֲסַבָּה *hēsábbā = hi-sabba-t*, 2. sing. הֲסִבּוֹתָ *hăsibbôˈϑā*, Infin. הָסֵב *hāsḗβ = ha-sibba*, Imper. הָסֵב *hāséβ = ha-sibb*, fem. הָסֵבִּי *hāsébbî*, Futur. יָסֵב *jāséβ = ja-sibba*, mit vav consec. וַיָּסֶב *vajjá-seβ*, 2. fem. תָּסֵבִּי *tasébbî*, 2. u. 3. fem. plur. תְּסִבֶּינָה *tĕ-sibbắnā*, Particip auffallenderweise mit dem Präfixvocal *i* מֵסֵב *mēséβ = misibba*. — Das Passivum hat הוּסַב *hûsáβ hu-sabba*, fem. הוּסַבָּה *hûsabbā*, mit unveränderlichem *û*, vielleicht nach Analogie der primae v.

§. 132. Diese Verba bilden selten ein Piel und die dazu gehörigen Conjugationen, sondern statt dessen meist Poel, dessen Passiv Poal und Reflexiv Hithpoel, deren *ô = â* wahrscheinlich als Ersatzdehnung für die ausgefallene Verdoppelung zu betrachten ist, da man nicht gern denselben Consonanten dreimal hintereinander wiederholen wollte. Vgl. סֹבֵב *sôβéβ = sâbiba = sabbiba*, Passiv. סֹבַב *sôβáβ = sâbaba*, Reflexiv. הִסְתּוֹבֵב *histôβéβ = hit-sâbiba*. — Zuweilen findet sich auch die Verdoppelung der ganzen Wurzel in ihrer einsilbigen Urgestalt (Pilpel, Pulpal, Hithpalpel), z. B. גִּלְגֵּל *gilgél = gil-gila*, שַׁעֲשַׁע *šoʻ(ŏ)šaʻ = šuʻ-šáʻa*, הִתְגַּלְגֵּל *hiϑgalgél = hit-gal-gila*.

§. 133. Die Verba primae v zerfallen in drei Classen: a) Die ursprünglichen Transitiva haben im Futur und Imperativ *a*, werden aber sonst nur durch die allgemeinen Lautgesetze beeinflußt. Sie haben also Perf. יָרַשׁ *jāraš = va-raša*, Infin. יְרֹשׁ *j(ĕ)rōš = vruša*, Imper. יְרַשׁ *j(ĕ)raš = vraš*, Fut. יִירַשׁ *jîráš = jijraš = ji-vraš*, Niphal נוֹרַשׁ *nôráš = na-vraš*, Fut. יִוָּרֵשׁ *jivvārḗš = ju-hin-variša*, Hiphil הוֹשִׁיב *hôšîβ = ha-všiba*, Fut. יוֹשִׁיב *jôšîˈβ*, mit vav consecutivum וַיּוֹשֶׁב *vajjôˈšeβ*, Jussiv יוֹשֵׁב *jôšéβ*, Hophal הוּשַׁב *hûšáβ = hu-všaba*. Im Hithpael kann *v* entweder bleiben oder zu *j* werden. b) Die ursprünglichen Intransitiva, welche im Infinitiv, Imperativ und Futur den Vocal *i* haben, werfen in diesen Formen das *v* vor dem zweiten Consonanten ab, z. B.

von יָשַׁב *jāšáβ* = *vasaba*, Imper. שֵׁב *šeβ* = *[v]šib*, Fut. יֵשֵׁב *jēšéβ* = *jišib* = *ja-[v]šiba*, mit vav consec. וַיֵּשֶׁב *vaj-jḗšeβ*, 2. fem. תֵּשְׁבִי *tēšębî*, 2. u. 3. plur. fem. תֵּשַׁבְנָה *tēšáβnā*. Der Infinitiv hat meist Femininendung, vgl. דַּעַ *dē(a)ʽ* scire = *[v]diʽa*, meist דַּעַת *daʽ(a)ϑ* = *[v]daʽ-ta*, שָׁבֶת *šā-β(e)ϑ* = *[v]šab-ta*. Ebenso bildet man von הָלַךְ *hāláχ* ivit einen Imperativ לֵךְ *lēχ*, Futur. יֵלֵךְ *jēléχ*, Infin. לָכֶת *lā-χ(e)ϑ*, Hiph. הוֹלִיךְ *hôlíʽχ*. — In den übrigen Conjugationen unterscheidet sich die zweite Classe nicht von der ersten.
c) Einige Verba assimiliren ihr *v* an den folgenden Consonant und gehen so ganz nach der Analogie der Verba primae nun, z. B. יָצַת *jāçáϑ* combussit = *vaçata*, Fut. יִצַּת *jiç-çáϑ* = *ji-vçata*, Hiph. הִצִּית *hiççîʽϑ* = *hi-vçita*. Zuweilen findet sich diese Bildung neben den beiden anderen.

§. 134. Die wenigen Verba primae jod (יטב bonum esse, ילל ululare, ינק sugere, יצר formare, יקץ evigilare, ישׁר rectum esse) unterscheiden sich von der ersten Bildungsart der primae v nur dadurch, daß sie im Hiphil *ê* = *a-j* statt *ô* = *a-v* haben, z. B. הֵילִיל *hêlîʽl* ululavit = *ha-jlila*. Das Futurum Kal, wie יִיצַר *jîçár* = *ji-jçara* hat mit vav consecut. וַיִּיצֶר *vajjîʽçer*.

§. 135. Die Verba mediae v haben im Perfect קָם *qâm* = *qa[v]ama*, fem. קָמָה *qâʽmā* = *qa[v]ama-t*, pl. קָמוּ *qâʽmû* = *qa[v]am-û*, 2. sing. קַמְתָּ *qámtā* = *qâm-ta* (§. 38) = *qa[v]am-ta* u. s. w. Die Intransitiva bilden בֵּת *mēϑ* = *ma[v]ita*, fem. מֵתָה *mḗϑā*, 2. sing. מַתָּ *máttā*, oder בּוֹשׁ *bôš* = *ba[v]uša*, fem. בּוֹשָׁה *bôʽšā*, 2. sing. בֹּשְׁתָּ *bôštā*. Das Particip stimmt ganz mit dem Perfect überein. Der Infin. absol. hat קוֹם *qôm* = *qâm* = *qa[v]âma*, der Infin. cstr. קוּם *qûm* = *quvma*, ebenso der Imperativ, in dem fem. pl. קֹמְנָה *qómnā* = *qum-na* (§ 38). Das Futurum lautet יָקוּם *jāqûʽm* = *jaqvuma*, 2. fem. תָּקוּמִי *tāqûʽmî*, 2. u. 3. plur. fem. תָּקֹמְנָה *taqómnā* = *ta-qum-na* = *ta-*

qûm-na, auch תְּקוּמֶינָה tĕqûmā́nā (§. 129). Die apocopierte Futurform, welche schon im ursemitischen keinen Endvocal hatte, mußte nach §. 38 ihr û verkürzen, daher יָקֹם־ jāqom – und וַיָּקָם vajjā́qom = ja-qum = ja-qûm. In betonter Silbe muß das so entstandene u natürlich gesteigert werden, daher יָקֹם jāqṓm = ja-qum. — Die Intransitiva haben im Infinitiv, Imperativ und Futurum a, z. B. בּוֹשׁ bôš = bâš = bvaš (§. 32, 2), Fut. יֵבוֹשׁ jēβôš = ji-bâš, ji-bvaša, יָבוֹא jāβô' = ja-bâ', ja-bva'. Das Niphal hat נָקוֹם nāqṓm = naqāma = na-qvama, Infinitiv und Imperativ הִקּוֹם hiqqôm = hin-qâm = hin-qa[v]am, Futurum יִקּוֹם jiqqṓm = jinqâm = ju-hin-qa[v]ama, Hiph. הֵקִים hēqî́m = hiqjim = hi-qvima, Fut. יָקִים jāqî́m = ju-ha-qvima, 2. fem. תָּקִימִי tāqî́mî, 2. u. 3. plur. fem. תְּקִמְנָה tūqḗmnā = ta-qim-na = ta-qîm-na, Partic. מֵקִים mēqî́m, Hoph. הוּקַם hûqám. Im Perfect des Niphal und Hiphil findet sich in ähnlicher Weise, wie bei den med. gemin., ein ô vor den consonantisch anlautenden Endungen, vgl. נְקוּמוֹתָ nĕqûmốϑā nach §. 40 für nĕqômốϑā, הֲקִימוֹתָ hăqîmốϑā. — Statt Piel, Pual und Hithpael (in denen vv fast stets zu jj wird) finden sich meist die Conjugationen Palel, Palal und Hithpalel, z. B. קוֹמֵם qômḗm = qavmima, Passiv קוֹמַם qômám = qavmama, Reflexiv הִתְקוֹמֵם hiϑqômḗm = hit-qavmima. Zuweilen steht dafür auch Pilpel, z. B. כִּלְכֵּל kilkḗl = kil-kila.

§. 136. Die Verba mediae j unterscheiden sich nur im Kal von den med. v. Neben dem Perfect בָּן bân = ba-[j]ana findet sich auch eine Form בִּין bîn, 2. sing. בִּינוֹתָ bînốϑā. Im Infinitiv und Imperativ steht בִּין bîn = bijn, im Futurum יָבִין jāβî́n = ja-bjina, mit vav consecutivum וַיָּבֶן vajjā́βen, Jussiv יָבֵן jāβḗn = ja-bin = ja-bîn = ja-bjin (vgl. §. 38).

§. 137. Die Verba tertiae v sind im hebräischen durchgängig zu tertiae j geworden, nur von der Wurzel

שׁלו findet sich noch 1. sing. perf. שָׁלַוְתִּי *šālávtî*, requievi. Im Perfect Kal wird nach Ausstoßung des Vocalconsonanten und des Endvocals das vorhergehende *a* zu *ā* gesteigert, vgl. גָּלָה *gālă* = *gala[ja]*, fem. ursprünglich גָּלָת *gālăṯ* (welche Form sich fast nur vor den Suffixen erhalten hat) = *galat* = *galât* = *gala[j]a-t*, plur. גָּלוּ *gālú'* = *gala[j]û*, 2. sing. גָּלִיתָ *gālī'ṯā* = *gālē'ṯā* = *galaj-ta* u. s. w. Im Imperativ, Infinitiv und Futur liegt stets *a* als Stammvocal zu Grund; vgl. Imperativ גְּלֵה *g(ĕ)lê* = *glaj*, fem. גְּלִי *g(ĕ)lî* = *glaj-î*, plur. גְּלוּ *g(ĕ)lû* = *glaj-û*, גְּלֶינָה *g(ĕ)lắnā* = *glaj-na*, Futurum יִגְלֶה *jíɣlă̈* = *ja-gla[ja]*, 2. fem. תִּגְלִי *tiɣlī'* = *ta-gla[j]-î*, 2. u. 3. fem. plur. תִּגְלֶינָה *tiɣlắnā* = *taglaj-na*, im Jussiv und nach vav consecutivum יִגֶל *jíɣ(e)l* = *ja-gl[a]*, וַיַּעַשׂ *ja'(a)ṣ* = *ja-'ṣ[a]*, selten wie יֵרֶד *jérd* = *jird* = *ja-rd[a]*, indem diese Formen schon im ursemitischen den dritten Consonanten und den Endvocal verloren hatten, nach dem hebräischen Auslautsgesetz also der Vocal vor dem dritten Consonant abfallen mußte. Der Infin. cstr. hat meist Femininendung, wie גְּלוֹת *g(ĕ)lôṯ* = *glât* = *gla[j]a-t*, das Masculinum findet sich hier ausnahmsweise mit *â*, wie sonst nur im Infin. absol., vgl. רָאֹה *r(ĕ)'ô* = *r'â[ja]*. Der Infin. absol. lautet regelmäßig גָּלֹה *gālō'* = *galâ[ja]*, das active Particip גּוֹלֶה *gôlắ* = *gâla[ja]*, das passive גָּלוּי *gālúj* = *galûj[a]*.

§. 138. Im Niphal treten dieselben Vocalveränderungen ein, wie im Kal, nur findet sich meist noch נִגְלֵיתָ *niɣlē'ṯā* = *na-glaj-ta*, נִגְלֵיתִי *niɣlē'ṯî* = *na-glaj-tî* für נִגְלִיתָ *niɣlī'ṯā*, נִגְלִיתִי *niɣlī'ṯî*. Der Infin. cstr. lautet הִגָּלוֹת *higgālō'ṯ* = *hin-gala[j]a-t*, Infin. absol. הִגָּלֵה *higgālē'* oder נִגְלֹה *niɣlô'*. Auch die anderen Conjugationen werden nach Analogie des Kal gebildet, nur behält Pual und Hophal immer, Piel, Hithpael und Hiphil zuweilen das *ê* im Perfect vor consonantisch anlautenden Endungen. Das Hiphil hat durchgängig statt *î* den ursprünglichen Stammvocal *a* bewahrt, also Perf. הִגְלָה

hiγlá = ha-gla[ja], Imper. הַגְלֵה *haγlê' = ha-glaj*, apocopirt הֶגֶל *hāγ(e)l*, Infin. הַגְלוֹת *haγlô's = ha-gla[j]a-t*, Infin. absol. הַגְלֵה *haγlê'*, Futur. יַגְלֶה *jaγlắ = ju-ha-gla[ja]*, Jussiv יֶגֶל *jāγ(e)l*. Im Piel lauten die Infinitive גַּלּוֹת *gallô's = galla[j]a-t*, גַּלֵּה *gallê'*, selten גַּלּוֹ *gallô'*, Imperativ גַּלֵּה *gallê' = gallaj*, apocopiert גַּל *gal = gal[la]*, Futurum יְגַלֶּה *jĕγallắ = ju-galla[ja]*, Jussiv יְגַל *jĕγal = ju-gal[la]*.

§. 139. An das Verbum treten ganz dieselben Suffixe an, wie an das Nomen; nur das Suffix der 1. sing. lautet hier nicht *î'*, sondern *nî*. Vor den Suffixen halten sich natürlich die alten Endvocale, im Perfect *a* (bleibt vor *-nî*, wird zu *ĕ* verflüchtigt vor *-ka, -kem, -ken*, sonst überall zu *ā* gesteigert), im Futur und Imperativ das aus *u* entstandene *i* (hebräisch *ē*, vor *-ka, -kem, -ken* zu *ĕ* verflüchtigt, vor *-hā, -h* ausnahmsweise *ā̆, ā = a*). Im Perfect erscheint die 3. fem. sing. vor Suffixen in ihrer ursprünglichen Gestalt *qatala-t*, die 2. fem. sing. als *qatal-tî*, die 2. masc. fem. plur. als *qatal-tû*. Im Futurum steht vor Suffixen *tiqtĕlû* statt *tiqtốlnā*. Im Imperativ treten die Suffixe natürlich an die Form, welche den Vocal hinter dem ersten Consonanten hat, ebenso im Infinitiv (außer zuweilen vor *-kā́, -kém, -kén*); letzterer nimmt sie zuweilen nach Art der Nomina an. Die sogenannten Bindevocale haben den Ton und die Vocalveränderungen sind ganz den allgemeinen Lautgesetzen entsprechend; nur wird im Fut. und im Piel wegen §. 43, b die Vortonsilbe verflüchtigt, und wird das *a* vor *ĕχā́* gegen die Regel gesteigert. So bilden sich von *qāṭál* die Suffixformen קְטָלַנִי *qĕṭālánî = qatala-nî* interfecit me, קְטָלְךָ *qĕṭālĕχā́* interfecit te = *qatala-ka*, קְטָלֵךְ *qĕṭālā́-χ* interfecit te f. = *qatala-k*, קְטָלָהוּ *qĕṭālā́-hû*, meist contrahirt קְטָלוֹ *qĕṭālô'* interfecit eum = *qatala-hû*, קְטָלָהּ *qĕṭālā́h* interfecit eam = *qatala-h*, קְטָלָנוּ *qĕṭālánû* interfecit nos = *qatala-nû*, קְטַלְכֶם *qĕṭalĕχém = qatala-kum* interfecit vos, fem. קְטַלְכֶן *qĕṭalĕχén*,

קְטָלָם *qĕṭālám* interfecit eos = *qatala-[hu]m*, fem. קְטָלָן *qĕṭālán*. Das Femininum hängt die Suffixe direct an die Grundform *qaṭalat* an; so entsteht קְטָלַתְנִי *qĕṭāláȡ-nî*, קְטָלַתְהוּ *qĕṭāláȡ-hû* oder affimilirt קְטָלַתּוּ *qĕṭāláttû*, קְטָלַתָּה *qĕṭāláttû* = *qatala-t-hâ*, קְטָלַתְנוּ *qĕṭāláȡ-nû*. Vor *m, n, k* wird ein Hilfsvocal, vor *kā, kém, kén* nach falscher Analogie ein Halbvocal eingeschaltet, der aber die Vocalverhältnisse nicht mehr verändern kann, also קְטָלָתַם *qĕṭāláȡ(a)m*, קְטָלָתַן *qĕṭāláȡ(a)n*, קְטָלָתֵךְ *qĕṭāláȡ(e)χ*, קְטָלַתְךָ *qĕṭāláȡ(ĕ)χā*, קְטָלַתְכֶם *qĕṭāláȡ(ĕ)-χém*, קְטָלַתְכֶן *qĕṭāláȡ(ĕ)χén*. Die 2. masc. sg. läßt die Suffixe *nî, hû, h, nû, m, n* an *qaṭalta* (hebräisch natürlich *qĕṭaltā-*) antreten; neben קְטַלְתָּהוּ *qĕṭaltáhû* findet sich auch die contrahirte Form קְטַלְתּוֹ *qĕṭaltô'*, neben קְטַלְתָּנִי *qĕṭaltā́nî* auch die ungesteigerte קְטַלְתַּנִי *qĕṭaltánî*. Die 2. fem. sing. und 1. sing. hängen die Suffixe *nî, χā, χ, v, hâ, nû, χém, χén, m, n* an *qaṭultî* (hebräisch *qĕṭaltî'*-), die 3. plur., 2. plur. und 1. plur. dieselben Suffixe (nur *hû* statt *v*) an die Formen *qaṭalû* (hebräisch *qĕṭālû'*-), *qaṭaltû* (hebräisch *qĕṭaltû'*-) und *qaṭalnû* (hebräisch *qĕṭalnû'*-). Im Imperativ finden sich קָטְלֵנִי *qoṭ(ĕ)lénî*, קָטְלֵהוּ *qoṭ(ĕ)léhû*, קָטְלָהּ *qoṭ(ĕ)láhû* oder קָטְלָהּ *qoṭ(ĕ)láh*, קָטְלֵנוּ *qoṭ(ĕ)lénû*, קָטְלֵם *qoṭ(ĕ)lém*, am Plural קִטְלוּנִי *qiṭ(ĕ)lú'nî* u. s. w. Am Futurum erscheinen יִקְטְלֵנִי *jiqṭĕlé-nî*, יִקְטְלֶךָ *jiqṭoleχā́*, יִקְטְלֵךְ *jiqṭĕlé-χ*, יִקְטְלֵהוּ *jiqṭĕlé-hû*, יִקְטְלָהּ *jiqṭĕlā́-hâ* oder יִקְטְלָהּ *jiqṭĕlā-h*, יִקְטְלֵנוּ *jiqṭĕlé-nû*, יִקְטְלְכֶם *jiqṭoleχém*, יִקְטְלֶם *jiqṭĕlé-m*. An den Plural *jiqṭĕlû'* treten die Suffixe natürlich direct an. Das Piel hat קִטְּלַנִי *qiṭṭĕlá-nî*, קִטְּלָךְ *qiṭṭĕlĕ-χā́*, קִטְּלְכֶם *qiṭṭĕlĕ-χém* u. s. w., übrigens ganz wie im Kal.

§. 140. Im Futurum können die Suffixe auch an eine Futurform antreten, welche statt der Nominativendung *i = u* die unbestimmte Accusativendung *an = am* (hebräisch *ắn*) hatte. Denn am Verbum kann überhaupt die unbestimmte Form vor

Suffixen bleiben, weil die Verbalsuffixe Accusative sind, während die Nominalsuffixe als Genetive das Nomen stets in der bestimmten Form des stat. cstr. vor sich haben müssen. Auf diese Weise entstehen die Formen יִקְטְלַ֫נִּי *jiqtĕlā́n-ni*, יִקְטְלָ֫ךָ *jiqtĕlā́k-kā* = *ja-qtulan-ka*, יִקְטְלַ֫נּוּ *jiqtĕlā́nnû* = *ja-qtulan-hû*, יִקְטְלֶ֫נָּה *jiqtĕlā́nnā* = *ja-qtulan-hā*, יִקְטְלֶ֫נּוּ *jiqtĕlā́nnû* = *ja-qtulan-nû*.

§. 141. Bei den Verbis mediae geminatae kommt natürlich die am Wortende abgefallene Verdoppelung vor Suffixen wieder zum Vorschein. Vgl. יְסֻדֵּם *jĕsoddḗ-m* = *ja-suddi-m* von יָסַד *jāsṓd* = *ja-sudd*. Die Verba tertiae *v̯*, *j* verlieren ihre vocalischen Endungen vor allen Suffixen, wie im Nomen, vgl. גָּלְךָ *gālĕ́χā* = *gal[aj]a-ka*, יִגְלֵ֫הוּ *jiγlḗhû* = *ja-gl[aj]i-hû*.

---

4) Partikelflexion.

§. 142. Adverbia, welche ursprünglich durch den Accusativ bezeichnet wurden, sind jetzt nur noch in den wenigen Fällen äußerlich als solche kenntlich, wo sich die Accusativendung als *ā*, *ā́m*, *ṓ'm* erhalten hat, wie in בַּיְלָה *mā́lā* supra von בַּעַל *ma-ʿ(a)l*, חִנָּם *ḥinnā́m* gratis von הֵן *hēn* = *ḥinn*, לַ֫יְלָה *láj(ĕ̌)lā* noctu, יוֹמָם *jômā́m* interdiu, von לַ֫יִל *laj(i)l*, יוֹם *jôm*. — Eine neuere Adverbialbildung entwickelt das Hebräische aus dem Femininum der Formen auf *î* = *ijja*, vgl. אֲחֹרַנִּית *'ăḥōrannī́ṯ* retrorsum, besonders zur Bezeichnung von Sprachen, wie יְהוּדִית *jĕhûdī́ṯ* judaice.

§. 143. Die häufiger gebrauchten Partikeln sind meist stark verkürzt, lassen sich aber noch fast alle als Nomina von ursprünglich triliteralen Wurzeln nachweisen. — Die Partikeln הִנֵּה *hinnḗ* ecce, יֵשׁ *jēš* (vor Makkef יֶשׁ־ *ješ*) „es ist", אַיִן *'aj(i)n*, stat. cstr. אֵין *'ên* „es ist nicht", עוֹד *'ôδ* adhuc und אַיֵּה *(apocopiert* אַי *'aj*, stat. cstr. אֵי *'ê)* nehmen die Suffixe als Accusative, also nach verbaler Weise an, weshalb auch (vgl. §. 140) das aus *m* entstandene *n* der unbestimmten Form bleiben kann. Vgl. הִנְנִי *hinĕ̆-nî'* (§. 27) oder הִנֶּנִּי *hinnä̆-n-ni,* הִנְּךָ *hinnĕ̆-χā̆,* 3. masc. הִנּוֹ *hinnố* 1. plur. הִנֶּנּוּ *hinnĕ̆-nû'* oder הִנְנוּ *hinnä̆-n-nû,* יֶשְׁךָ *ješĕ̆χā̆,* 3. masc. sing. יֶשְׁנוֹ *jesĕ̆nô',* אֵינֶנִּי *'ênä̆-n-ni,* אֵינְךָ *'ênĕ̆χā̆,* אֵינֶנּוּ *'ênä̆-n-nû = 'ajna-n-hû',* אֵינֶנָּה *'ênä̆-n-nâ = 'ajna-n-hâ,* אֵינָם *'ênä̆m,* ganz ebenso עוֹדֶנִּי *'ôδä̆-n-nî* u. s. w., אַיֶּכָּה *'ajäkka = 'aja-n-ka,* אַיּוֹ *'ajjố,* אַיָּם *'ajjä̆m.*

§. 144. Einige Präpositionen erscheinen vor Suffixen immer in der Pluralform, so אַחַר *'aḥár* post (vgl. אַחֲרֶיךָ *'aḥărä̆χā̆),* תַּחַת *taḥ(a)δ* infra (z. B. תַּחְתֶּיךָ *taḥtä̆χā̆)* und בֵּין *bên* inter, welches letztere aber auch die Suffixe an den Singular, oder an den femininen Plural anfügen kann, z. B. בֵּנְךָ *bênĕ̆χā̆* oder בֵּינֶיךָ *bênä̆χā̆* oder בֵּינוֹתֶיךָ *bênôδä̆χā̆.* — Mit diesen dürfen nicht verwechselt werden die verkürzten Präpositionen אֶל־ *'el* zu, עַל *'al* auf, עַד *'aδ* bis, in der Poesie auch vollständig אֱלֵי *'ĕlê,* עֲלֵי *'ălê,* עֲדֵי *'ăδê,* welche gegen die sonstige Regel (§. 106) ihr ursprüngliches stammauslautendes *aj* stets vor Suffixen behalten und so äußerlich den Anschein von Pluralformen gewinnen. Vgl. אֵלַי *'ĕláj,* אֵלֶיךָ *'ĕlä̆χā̆,* אֲלֵיהֶם *'ălêhém* (nach §. 57), עָלַי *'ăláj,* עֲלֵיהֶם *'ălêhém,* עָדַי *'ăδáj* u. s. w. — Die Präposition עִם *'im* (mit) hat neben dem regelmäßigen עִמִּי *'imm-î'* auch עִמָּדִי *'immāδî',* und עִמָּכֶם *'immā-χém,* עִמָּהֶם *'immā-hém* mit gesteigertem, statt wie sonst verflüchtigtem Endvocal. Die Präpositionen תַּחַת *taḥ(a)δ* und בְּעַד *b(ĕ̆)aδ* (hinter, um, zwischen) erscheinen einigemal mit Verbalsuffixen, ersteres sogar mit zwischengeschobenem *n* (vgl. §. 143). Z. B. תַּחְתֵּנִי *taḥténi,* תַּחְתֶּנָּה *taḥtä̆-n-nâ = taḥta-n-hâ,* בַּעֲדֵנִי *ba'(ă)δê-nî.* — Die femininen

Partikeln אֵת '*eᵭ* (vor Maffef -אֶת־ '*eᵭ*) „mit" und die gleich=
lautende Accusativbezeichnung wurden schon bei Lebzeiten der
Sprache zuweilen mit einander verwechselt; aber die erstere
stammt von der Wurzel אני und hat daher mit Suffixen אִתִּי
'*ittî* = '*in-t-î*, während letztere auf die Wurzel אות zurück=
geht, weshalb als Suffixformen אוֹתִי '*óᵭî*, אוֹתָם '*óᵭám* (je=
doch אֶתְכֶם '*eᵭχém*) erscheinen.

§. 145. Die äußerste Verkürzung haben erlitten die viel=
gebrauchten Präpositionen *bĕ*, *lĕ* und die Conjunction *kĕ*. Nach
§. 58 hält sich vor einer halbvocalischen Silbe der ursprüng=
liche kurze Vocal in der Gestalt von *i* (wobei *bi-jĕ*, *li-jĕ* nach
§. 33 zu *bî*, *lî* wird), während er vor zusammengesetztem
Schewa sich der Vocalfarbe desselben anpaßt. Wenn *lî* nach
§. 112 in eine geschlossene Silbe tritt, erscheint es vor Gut=
turalen als *la*, vor Alef als *le*; dem *bĕ* und *kĕ* kann so etwas
natürlich nie begegnen. Die gesteigerten Formen *bā*, *lā*, *kā*
haben sich zuweilen in der Vortonsilbe erhalten, besonders vor
dem Demonstrativpronomen, *lā* auch sonst oft in der Vorton=
silbe, doch nie, wenn diese als stat. cstr. einen bloßen Neben=
ton hat. Vor dem Pronomen *mā*, *mā́* steht *ba*, *ka*, *la* mit
Verdoppelung des *m*, also *bam-mā́*, *kam-mā́*, *lām-mā́* (cur?),
vor '*h*' meist *lā-mā́*. Die Suffixformen lauten בִּי *bî*,
בְּךָ *bĕχā*, בָּךְ *bāχ*, בּוֹ *bô*, בָּהּ *bāh*, בָּנוּ *bānû*, בָּכֶם *bāχém*,
בָּהֶם *bāhém*, contrahiert בָּם *bām* (selten בָּהֵמָּה *bāhḗmma*), בָּהֶן
bāhén, auch בָּהֵן *bāhḗn* oder בָּהֵנָּה *bāhḗnnā*, ganz ebenso
geht *lĕ*. Dagegen hängt *kĕ* die meisten Suffixe an die mit
dem indefiniten Pronomen zusammengesetzte Form *kĕmô*, *kāmô*,
also כָּמוֹנִי *kāmô'-nî*, כָּמוֹךָ *kā-mô'-χā*, כָּמוֹהוּ *kā-mô'-hû*,
כָּמוֹהָ *kā-mô'-hā*, כָּמוֹנוּ *kā-mô'-nû*, כְּמוֹכֶם *kĕ-mô-χém* neben
dem häufigeren כָּכֶם *kāχém*, כְּמוֹהֶם *kĕ-mô-hém* neben כָּהֶם
kā-hém, כָּהֵנָּה *kā-hénnā*. In der Poesie finden sich auch
בְּמוֹ *bĕ-mô*, לְמוֹ *lĕ-mô*, jedoch nicht vor Suffixen. — Die
Copula *vĕ* hat vor der Tonsilbe (in Pausa und zwischen eng=
verbundenen Begriffen) oft Steigerung zu *vā*, vor zusammen=

gesetztem Schewa accommodirt sie sich der Vocalfarbe desselben, vor Halbvocalen, sowie vor Labialen wird sie zu *û*, mit folgendem *jĕ* verschmilzt sie zu *vî*, vor dem Fut. convers. lautet sie *va* mit Verdoppelung des folgenden Consonanten.

V. Syntax.

§. 146. Das Genetivverhältniß ist nach Abfall der alten Casusendungen nur noch äußerlich erkennbar durch die Vocalveränderungen, welche das regierende (im status cstr. stehende) Wort durch seine enge Verbindung mit dem folgenden erleidet (im Plural Masc. auch durch den Abfall des unbestimmten Affixes *m*). Das im stat. cstr. stehende Wort erhält nicht den Artikel, weil es an sich schon in der bestimmten Form steht, sondern dieser wird nur vor das regierte Wort gesetzt. Vgl. עֶבֶד הַמֶּלֶךְ *'aβ(e)δ ham-māl(e)χ* der Diener des Königs. Selbstverständlich haben auch Nomina mit Suffixen immer bestimmte Bedeutung.

§. 147. Das Adjectivum wird nachgesetzt und der Artikel wird vor ihm wiederholt, z. B. הַשּׁוֹר הַגָּדוֹל *haš-šô'r hag-gāδô'l* taurus magnus. — Den Comparativ drückt das hebräische durch nachgesetztes מִן *min* aus, z. B. מָתוֹק מִדְּבַשׁ *maδô'q mid-δĕβaš* dulcior melle.

§. 148. Die Accusativendung hat sich nur in sehr beschränktem Maße beim Accusativ der Richtung erhalten. Sonst wird dieser Casus bei bestimmten Nominibus (die also entweder den Artikel oder Personalsuffixe haben oder im status cstr. stehen) durch vorgesetztes אֶת־ *'eδ*, wenn betont אֵת *'eδ* bezeichnet, z. B. אֵת הַשָּׁמַיִם *'eδ haš-šāmáj(i)m* coelos.

§. 149. Das Relativum אֲשֶׁר bezeichnet oft nur die Reation selbst, deren nähere Bestimmung dann durch ein nachfolgendes Suffix oder Adverbium gegeben wird, z. B. עֵץ אֲשֶׁר זַרְעוֹ בוֹ 'ēṣ 'ăšer zar'ô' bô arbor in qua est semen ejus. Es kann auch, besonders im poetischen Sprachgebrauch, wegfallen.

§. 150. Wie schon bemerkt, wird die Masculinform der Zahlen 3—10 mit Femininis und umgekehrt ihre Femininform mit Masculinis verbunden. Was die sonstige Verbindungsweise mit dem gezählten Substantiv betrifft, so wird 1 wie ein gewöhnliches Adjectiv behandelt; die Zahlen 2—10 dagegen stehen entweder im stat. cstr. vor dem Gezählten, oder im stat. abs. ebenfalls vor (seltener und in späteren Büchern nach) demselben. Die Zehner (20—90) stehen immer im stat. abs., entweder vor oder hinter dem Gezählten; im ersteren Falle kann das Gezählte im Singular gesetzt werden. Bei aus Zehnern und Einern gemischten Zahlen wiederholt man entweder das Substantiv hinter jeder Zahl in der ihr zukommenden Weise oder man setzt es der Zehnerzahl im Singular nach (später auch der Einerzahl im Plural vor). — Für die Zahlen über 10 gibt es keine eigenen Ordinalzahlen. — Distributiva werden durch Verdoppelung bezeichnet.

§. 151. Betreffs des Tempusgebrauchs ist zu merken, daß das Perfect das Vergangene und Geschehene, auch wenn es noch in die Gegenwart hineinragt, desgleichen die Gewißheit einer Zusicherung, und was wir durch den Conjunctiv des Imperfects und Plusquamperfects bezeichnen, ausdrückt. Das Futurum bezeichnet die Zukunft, die Gegenwart, besonders bei für alle Zukunft feststehenden Zuständen, zuweilen selbst vergangene, aber fortdauernd wiederholte Handlungen, unseren Conjunctiv des Präsens, zuweilen auch den des Imperfects. Außerdem wird es nach den Partikeln אָז 'āz tunc und טֶרֶם ṭär(e)m nondum gesetzt.

§. 152. Wird eine Gedankenreihe im Futurum oder Imperativ begonnen, so fährt man im Perfect mit vorhergehen dem *vĕ* und vorwärtsgeschobenem Accent fort, welches alsdann ganz die Bedeutung des vorhergehenden Futurs oder Imperativs erhält. Umgekehrt wird eine im Perfect begonnene Erzählung durch Futura in der apocopirten Form fortgeführt, denen *va* mit Verdoppelung des folgenden Consonanten und Zurückziehung des Accents vorhergeht.

§. 153. Außerdem findet sich die apocopierte Form des Futurs (Jussiv) fast nur in der 2. und 3. Person, bei Wünschen, Befehlen und Verboten; bei letzteren steht immer der Jussiv, nie der Imperativ. — Die verlängerte Futurform (Cohortativ) mit schließendem *ā* steht in der ersten Person bei Aufmunterung oder Bitte.

§. 154. Mit dem Verbum finitum wird gern der Infinitivus absolutus desselben Stammes verbunden, und zwar geht er meist vorher, um den Verbalbegriff zu verstärken, während er nachfolgt, um das Andauernde einer Handlung auszudrücken. Sonst steht der Infin. absol. zuweilen als Accusativ oder für das Verbum finitum, jedoch immer in verbaler Construction, sowie auch nie nach Präpositionen oder einem stat. cstr. Der Infin. cstr. dagegen kann sowohl nach verbaler Weise den Accusativ als auch nach nominaler den Genetiv regieren, verbindet sich daher auch mit verbalen und nominalen Suffixen; sehr häufig steht auch das Subject der Handlung im Nominativ hinter dem Infin. cstr. Durch Vorsetzung der Präpositionen *bĕ*, *kĕ*, *lĕ* vor den Infin. cstr. werden verschiedene Nebensätze gebildet.

§. 155. Fragesätze werden durch das aus *hal* entstandene *hă* (vor Consonanten mit Halbvocal *ha* und meist Verdoppelung des folgenden Consonanten, vor Gutturalen *ha*, vor Gutt. mit Kameç nach §. 29 *hā*), in indirecten Fragen auch durch אִם *'im*, disjunctive Fragen durch *hă* im ersten und *'im* im zweiten Glied ausgedrückt.

Proſaiſche Leſeprobe.

Gen. 1, 1—5.

בְּרֵאשִׁית בָּרָא אֱלֹהִים אֵת הַשָּׁמַיִם וְאֵת הָאָרֶץ:
וְהָאָרֶץ הָיְתָה תֹהוּ וָבֹהוּ וְחֹשֶׁךְ עַל־פְּנֵי תְהוֹם וְרוּחַ
אֱלֹהִים מְרַחֶפֶת עַל־פְּנֵי הַמָּיִם: וַיֹּאמֶר אֱלֹהִים יְהִי־אוֹר
וַיְהִי־אוֹר: וַיַּרְא אֱלֹהִים אֶת־הָאוֹר כִּי־טוֹב וַיַּבְדֵּל אֱלֹהִים
בֵּין הָאוֹר וּבֵין הַחֹשֶׁךְ: וַיִּקְרָא אֱלֹהִים ׀ לָאוֹר יוֹם וְלַחֹשֶׁךְ
קָרָא לָיְלָה וַיְהִי־עֶרֶב וַיְהִי־בֹקֶר יוֹם אֶחָד:

Bĕ-rēši̇̄ϑ bārā 'ĕlôhî'm 'ēϑ haš-šamáj(i)m vĕ-'ēϑ
hā-'ār(e)ç. Vĕ-hā-'ār(e)ç hājĕϑá ϑóhû vā-βóhû vĕ-
ḥṓš(e)χ ʿal pĕnê ϑĕhôm vĕ-rú(a)ḥ 'ĕlôhî'm mĕraḥä̇(e)ϑ
ʿal pĕnê ham-máj(i)m. Vaj-jṓmer 'ĕlôhî'm: jĕhî 'ôr!
va-jĕhî 'ôr. Vaj-jar 'ĕlôhî'm 'eϑ hā-'ôr kî ṭôβ vaj-
jaβdḗl 'ĕlôhî'm bên hā-'ôr ù-bên ha-ḥōš(e)χ. Vaj-jiqrá
'ĕlôhî'm l-ā-'ôr jôm vĕ-l-a-ḥōš(e)χ qārā lâj(ĕ)lā, va-jĕhî
ʿār(e)β va-jĕhî βōq(e)r, jôm 'ā̄ḥā́ð.

Poetiſche Leſeprobe.

Ps. 2.

לָמָּה רָגְשׁוּ גוֹיִם
וּלְאֻמִּים יֶהְגּוּ־רִיק:
יִתְיַצְּבוּ ׀ מַלְכֵי־אֶרֶץ
וְרוֹזְנִים נוֹסְדוּ־יָחַד
עַל־יְהוָה וְעַל־מְשִׁיחוֹ:
נְנַתְּקָה אֶת־מוֹסְרוֹתֵימוֹ
וְנַשְׁלִיכָה מִמֶּנּוּ עֲבֹתֵימוֹ:

יוֹשֵׁב בַּשָּׁמַיִם יִשְׂחָק
אֲדֹנָי יִלְעַג־לָמוֹ:
אָז יְדַבֵּר אֵלֵימוֹ בְאַפּוֹ
וּבַחֲרוֹנוֹ יְבַהֲלֵמוֹ:
וַאֲנִי נָסַכְתִּי מַלְכִּי
עַל־צִיּוֹן הַר־קָדְשִׁי:

אֲסַפְּרָה אֶל־חֹק יְהוָה
אָמַר אֵלַי בְּנִי אַתָּה
אֲנִי הַיּוֹם יְלִדְתִּיךָ:
שְׁאַל מִמֶּנִּי וְאֶתְּנָה גוֹיִם נַחֲלָתֶךָ
וַאֲחֻזָּתְךָ אַפְסֵי־אָרֶץ:
תְּרֹעֵם בְּשֵׁבֶט בַּרְזֶל
כִּכְלִי יוֹצֵר תְּנַפְּצֵם:

וְעַתָּה מְלָכִים הַשְׂכִּילוּ
הִוָּסְרוּ שֹׁפְטֵי אָרֶץ:
עִבְדוּ אֶת־יְהוָה בְּיִרְאָה
וְגִילוּ בִּרְעָדָה:
נַשְּׁקוּ־בַר פֶּן־יֶאֱנַף ׀ וְתֹאבְדוּ דֶרֶךְ
כִּי־יִבְעַר כִּמְעַט אַפּוֹ
אַשְׁרֵי כָּל־חוֹסֵי בוֹ:

Lā́m-mā rāγĕšû' gôjî'm
û-lĕ'ummî'm jehgû' rîq?
Ji⸱jaççĕḇû' mal(e)χê̂ ār(e)ç
vĕ-rôzĕnî'm nôsĕḏû jā́ḥaδ
'al Jahvā̊́ vĕ̆-'al mĕ̆šîḥô'.

Nĕnattĕqấ 'eᴆ môsĕrôᴆê'mô
vĕ-našlî'χā mimmā̆nnû ʽăβôᴆê'mô!

Jôšéβ b-aš-šāmáj(i)m jiṣháq,
'ădônáj jilʽáγ lā́mô.
'Āz jĕδabbḗr 'ēlê'mô bĕ-'appô'
û-ba-ḥărônô' jĕβahălḗmô.
Va-'ănî nāsáχtî malkî'
ʽal Çijjô'n hàr qoδsî'!

'Ăsappĕrā́ 'el ḥōq Jahvā̆;
'āmár 'ēláj: bĕnî 'attā́!
'ănî haj-jôm jĕliδtî'χā.
Š(ĕ)'al mimmā̆nnî vĕ-'ettĕnā́ gôjî'm naḥ(ă)lāᴆā́χā
va-'ăḥuzzāᴆĕχā́ 'aφ(ĕ)sê̂ 'ār(e)ç.
Tĕrōʽḗm bĕ-šēβ(e)ṭ barzā́l
ki-χĕlî jôçér tĕnappĕçém.

Vĕ-ʽattā́ mĕlāχî'm haṣkî'lû
hivvāsĕrû' šôφĕṭê̂ 'ār(e)ç!
'Iβ(ĕ)δû' 'eᴆ Jahvā̆ bĕ-jir'ā́
vĕ-gî'lû bi-rĕʽāδā́!
Naššĕqû' bar pen je'(ĕ)náφ vĕ-ᴆôβĕδû' δār̄(e)χ
kî jiβʽár ki-mĕʽaṭ 'appô'.
'ašĕrê̂ kol ḥôsê̂ βô.

Regelmäßiges Verbum (Kal).

Perf. 3. m.	qātál (P. qāṭál)	šālḗm	qāṭṓn
3. f.	qāṭĕlā́ (P. qāṭálā)	šālĕmā́ (P. šālḗmā)	qāṭĕnā́ (P. qāṭṓnā)
2. m.	qāṭál-tā (P. qāṭál-tā)	šālắm-tā (P. šālḗm-tā)	qāṭṓn-tā (m. v convs. vĕ-qcṭon-tā́)
2. f.	qāṭál-t (qāṭál-tĕ), P. qāṭál-t	šālám-t (P. šālắm-t)	qāṭṓn-t
1.	qāṭál-tī (P. qāṭál-tī)	šālím-tī (P. šālắm-tī)	qāṭṓn-tī (vĕ-qāṭon-tī́)
3. pl.	qāṭĕl-ū́ (P. qāṭálū)	šālĕm-ū́ (P. šālḗmū)	qāṭṓn-ū (P. qāṭṓn-ū)
2. m.	qĕṭal-tém	šĕlam-tém	qĕṭon-tém
2. f.	qĕṭal-tén	šĕlam-tén	qĕṭon-tén
1.	qāṭál-nu (P. qāṭál-nū)	šālám-nu (P. šālắm-nū)	qāṭṓn-nū

Imper. 2. m.	q(ĕ)ṭṓl	š(ĕ)lam (P. š(ĕ)lām)	
2. f.	qiṭ(ĕ)l-ī́ (qoṭ(ĕ)l-ī́)	šil(ĕ)m-ī́	Kommt zufällig nicht vor.
2. pl. m.	qiṭ(ĕ)l-ū́ (qoṭ(ĕ)l-ū́)	šil(ĕ)m-ū́	
2. pl. f.	q(ĕ)ṭṓl-nā	š(ĕ)lam-nā (P. š(ĕ)lắm-nā)	

Imper. parag. qoṭ(ĕ)lā́ (qiṭ(ĕ)l(ā́), q(ĕ)ṭólā)

Fut. 3. m.	ji-qtŏ́l	ji-šlám (P. ji-šlắm)	ji-qtán
3. f.	ti-qtŏ́l	ti-šlám	ti-qtán
2. m.	ti-qtŏ́l [ti-qtŏ́l-î]	ti-šlám	ti-qtán
2. f.	ti-qtĕ̆l-î' (ti-qtĕ̆l-ín, P.	ti-šlĕ̆m-î' (P. ti-šlám-î)	ti-qtĕ̆n-î'
1.	'e-qtŏ́l	'e-šlám	'e-qtán
3. pl. m.	ji-qtĕ̆l-û' (P. ji-qtŏ́l-û)	ji-šlĕ̆m-â (P. ji-šlám-û)	ji-qtĕ̆nû'
3. f.	ti-qtŏ́l-nā (ji-qtŏ́l-nā)	ti-šlím-nā (P. ti-šlám-nā)	ti-qtán-nā
2. m.	ti-qtĕ̆lû' (ti-qtŏ́lû P.)	ti-šlĕ̆m-û (P. ti-šlám-û)	ti-qtĕ̆n-û'
2. f.	ti-qtŏ́l-nā	ti-šlím-nā	ti-qtán-nā
1.	ni-qtŏ́l	ni-šlám	ni-qtán
Fut. parag.			
1. sg.	'e-qtĕ̆lâ (P. 'e-qtŏ́lā)		
1. pl.	ni-qtĕ̆lâ (P. niqtŏ́lā)		
Infin. estr.	q(ĕ)tōl	š(ĕ)lōm (š(ĕ)lum)	q(ĕ)tŏn
Infin. abs.	qātōl	šālô'm	qātô'n
Part. act.	qōtĕ̆l.	šālĕ̆m	qātŏn
Part. pass.	qātû'l	šālû'm	qātû'n

	Piel.	**Pual.**	**Hithpael.**
Perf. 3. m.	qittêl (qittàl)	quttál	hiṯ-qattêl (hiṯ-qattál)
3. f.	qittelā́ (P. qittêlā)	quttelā́ (P. quttálā)	hiṯ-qattelā́ (P. hiṯ-qattêlā)
2. m.	qittál-tā (P. qittêl-tā)	quttál-tā (P. quttál-tā)	hiṯ-qattál-tā
2. f.	qittál-t	quttál-t	hiṯ-qattál-t
1.	qittál-tî	quttál-tî	hiṯ-qattál-tî
3. pl.	qittelû' (P. qittêl-û)	quttelû' (P. quttálû)	hiṯ-qattelû'
2. m.	qittaltém	quttaltém	hiṯ-qattal-tém
2. f.	qittal-tén	quttal-tén	hiṯ-qattal-tén
1.	qittál-nû	quttál-nû	hiṯ-qattál-nû

Imper. 2. m.	qattêl		hiṯ-qattêl
2. f.	qattelî-' (P. qattêl-î)		hiṯ-qattelî-'
2. pl. m.	qattelû-' (P. qattêl-û)		hiṯ-qattelû-'
2. pl. f.	qattêlnā		hiṯ-qattêlnā

Imper. parag. ˻qattelā́

59

Fut. 3. m.	jĕ-qattēl	jĕ-quttāl	j-iṯ-qattēl
3. f.	tĕ-qattēl	tĕ-quttāl	t-iṯ-qattēl
2. m.	tĕ-qattēl	tĕ-quttāl	t-iṯ-qattēl
2. f.	tĕ-qattēl-î' (P. tĕ-qattēl-î)	tĕ-quttēl-î" (P. tĕ-quttāl-î)	t-iṯ-qattēl-î"
1.	'ă-qattēl	'ă-quttāl	'e-ṯ-qattēl
3. pl. m.	jĕ-qattēl-û' (P. te-qat-[tēl-û]	jĕ-quttēl-û'	j-iṯ-qattēl-û'
3. f.	tĕ-qattēl-nā	tĕ-quttāl-nā (P. tĕ-quttūl-nā)	t-iṯ-qattēl-nā (P.t-iṯ-qattūl-nā)
2. m.	tĕ-qattēlû'	tĕ-quttēl-û'	t-iṯ-qattēl-û'
2. f.	tĕ-qattēl-nā	tĕ-quttēl-nā	t-iṯ-qattēl-nā
1.	nĕ-qattēl	nĕ-quttāl	n-iṯ-qattēl

Fut. parag.
1. sg. 'ă-qattēlā́ (P. 'ŭ-qattēlā́)
1. pl. nĕ-qattēlû̄

Infin. cstr.	qattēl	(quttāl)	(hiṯqattēl)
Infin. abs.	qaṭṭōl	(quttāl)	hiṯqattēl
Partic. mĕ-qattēl	mĕ-quttāl	n-iṯ-qattēl

60

	Hiphil.	Hophal.	Niphal.
Perf. 3. m.	hi-qtî'l	ho-qtäl (hu-qtäl)	ni-qtäl
3. f.	hi-qtî'lā	ho-qtĕlā́ (P. ho-qtā́lā)	ni-qtĕlā́
2. m.	hi-qtäl-tā	ho-qtäl-tā	ni-qtäl-tā
2. f.	hi-qtäl-t	ho-qtäl-t	ni-qtäl-t
1.	hi-qtäl-tî	ho-qtäl-tî	ni-qtäl-tî
3. pl.	hi-qtî'l-û	ho-qtĕl-û'	ni-qtĕl-û'
2. m.	hi-qtal-tém	ho-qtal-tém	ni-qtal-tém
2. f.	hi-qtal-tén	ho-qtal-tén	ni-qtal-tén
1.	hi-qtäl-nû	ho-qtäl-nû	ni-qtäl-nû
Imper. 2. sg.	ha-qtḗl	ho-qtäl	hiq-qātḗl
2. f.	ha-qtî'l-î		hiq-qātĕ́l-î
2. pl. m.	ha-qtî'l-û		hiq-qātĕ́l-û'
2. pl. f.	ha-qtḗl-nā		hiq-qātḗl-nā
Imper. parag.	ha-qtî'lā	ho-qtĕlā́	

Fut. 3. m.	j-a-qtîl	j-o-qtâl (j-u-qtâl)	j-iq-qātēl	(P. jiqqātǎl)
3. f.	t-a-qtîl	t-o-qtâl	t-iq-qātēl	
2. m.	t-a-qtîl	t-o-qtâl	t-iq-qātēl	
2. f.	t-a-qtîl-î	t-o-qtêl-î	t-iq-qātēl-î	
1.	'-a-qtîl	'-o-qtâl	'-eq-qātēl	
3. pl. m.	j-a-qtîl-û	j-o-qtêl-û	j-iq-qātēl-û	
3. f.	t-a-qtêl-nā	t-o-qtâl-nā	t-iq-qātāl-nā	
2. m.	t-a-qtîl-û	t-o-qtêl-û	t-iq-qātēl-û	
2. f.	t-a-qtêl-nā	t-o-qtâl-nā	t-iq-qātāl-nā	
1.	n-a-qtîl	n-o-qtâl	n-iq-qātēl	
Fut. parag.	'-a-qtîlā			
Fut. apocop.	j-a-qtêl		[vaj]jiqqātēl	
	j-a-qtîl-â			
Infin. estr.	ha-qtîl	ho-qtâl	hiq-qātēl	
Infin. abs.	ha-qtêl	loqtôl (lǔtôl)	hiq-qātōl, hiq-qātēl	
Partic.	m-a-qtîl	m-u-qtâl (lǔtâl)	n-iq-tâl